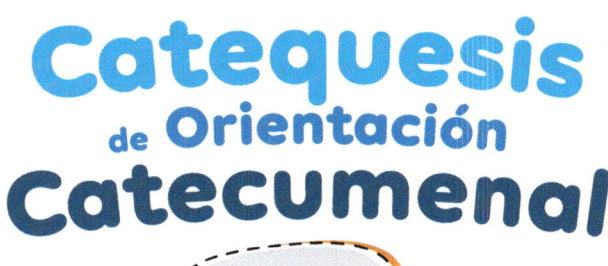

Los autores

José Antonio Abad

Ha dirigido muchos años el Secretariado Diocesano del Catecumenado de Burgos. Es autor de diversos libros de liturgia y de artículos sobre el catecumenado y director del Diccionario del *Agente de Pastoral Litúrgica*. Ha dedicado su vida a la docencia de la Liturgia y de la Eucaristía en la Facultad de Teología del Norte de España, sede de Burgos.

Pedro de la Herrán

Es doctor en Filosofía y licenciado en Derecho Civil. Fue el iniciador del Departamento de Pedagogía Religiosa de la Facultad de Teología de la Universidad de Navarra. Es autor de numerosos textos de enseñanza religiosa escolar y de catequesis.

"Hemos redescubierto que en la catequesis tiene un rol fundamental el primer anuncio o «kerygma», que debe ocupar el centro de la actividad evangelizadora"
(Papa Francisco EG n. 164)

"El modelo de toda la iniciación cristiana es el catecumenado de adultos. Por tanto, la iniciación cristiana de los niños ha de hacerse según este esquema de ideas y modelos: etapas, ritos, procesos"
(Mons. José Rico Pavés. Obispo de Jerez de la Frontera)

"El catecumenado también puede inspirar la catequesis de aquellos que, a pesar de haber ya recibido el don de la gracia bautismal, no disfrutan efectivamente de su riqueza. Estas personas pueden ser llamadas cuasi catecúmenos: cf. CT 44"
(Nuevo Directorio para la Catequesis, n. 61. III-2020)

"La catequesis familiar debe preceder, acompañar y enriquecer cualquier otra forma de catequesis"
(Juan Pablo II, CT, 68)

Catequesis de Orientación Catecumenal Junior · Nivel 3
© José Antonio Abad, Pedro de la Herrán, 2021
© Ediciones Palabra, S.A., 2025
Ronda del Caballero de la Mancha, 59 – 28034 Madrid
Telf.: (34) 91 350 77 20 – (34) 91 350 77 39
www.palabra.es
palabra@palabra.es
ISBN: 978-84-1368-492-5
Depósito legal: M-19.279-2025

Diseño y maquetación: Pablo Larrocha // Fotografías y recursos: Shutterstock.es // Fotografía de cubierta: Melissa Pérez · JMJ Panamá 2019
Impreso en España-Printed in Spain

www.edicionesdya.com

En las últimas décadas, tras el Concilio Vaticano II, han proliferado los instrumentos al servicio de la catequesis. Junto a los catecismos han aparecido guías, materiales complementarios, recursos catequéticos, etc., orientados cada vez con más precisión al desarrollo de la acción catequética. Bien sabemos que los libros solos "no hacen la catequesis", pero pueden ser una gran ayuda. La obra que aquí se presenta, con el título "Catequesis de orientación catecumenal", responde muy bien a las exigencias del momento presente en la transmisión de la fe: puede ser utilizada en el ámbito de la familia, de la parroquia, de la escuela o de los movimientos eclesiales; tiene en cuenta la actual situación de secularización y da prioridad al testimonio evangelizador; ofrece un planteamiento catecumenal de la iniciación cristiana con un programa que mira al itinerario completo para llegar a ser cristianos y no a la sola recepción de un sacramento; y, algo muy importante, no suplanta el catecismo oficial de la Conferencia Episcopal Española "Jesús es el Señor", sino que remite a su enseñanza ayudando a poner en ejercicio las cuatro dimensiones que deben estar siempre presentes en la catequesis (confesión de la fe, celebración, compromiso y oración).

Por todo ello, felicito de corazón a los autores don Pedro de la Herrán y don José Antonio Abad, veteranos expertos en las tareas catequéticas, y a los demás miembros del equipo de redacción.

+ José Rico Pavés
Obispo de Jerez de la Frontera.
Presidente de la Comisión Episcopal para la Evangelización,
la Catequesis y el Catecumenado de la CEE.

Índice

Proyecto "Catequesis de Orientación Catecumenal" 4

Encuentro 1   El libro de los Hechos de los Apóstoles   6
Encuentro 2   Pentecostés: hombres nuevos   12
Encuentro 3   La primera piedra: el kerigma   18
Encuentro 4   La primera comunidad cristiana   24
Encuentro 5   Un modo de vida nuevo   30
Encuentro 6   Un mundo sin fronteras   36
Encuentro 7   Más cristianos y más Iglesia   42
Encuentro 8   Reunidos cada domingo   48
Encuentro 9   Las primeras Iglesias domésticas   54
Encuentro 10   El amor humano y divino   60
Encuentro 11   Desprendidos de los bienes materiales   66
Encuentro 12   Pecadores y perdonados   72
Encuentro 13   Glorificad a Dios en el mundo   78
Encuentro 14   Misioneros ayer, hoy, siempre   84
Encuentro 15   María, estrella de la nueva evangelización   90

El proyecto "Catequesis de Orientación Catecumenal": orientaciones para los catequistas 96
Glosario 108
Oraciones 113
Misal 116
¿Cómo hacer una buena confesión? 122

PROYECTO "CATEQUESIS DE ORIENTACIÓN CATECUMENAL"

Justificación del proyecto

Las siguientes palabras del Papa Francisco en su Ex. Ap. *Evangelii Gaudium* pueden servirnos de marco para presentar y justificar la necesidad y actualidad de este proyecto; la cita es larga pero no tiene desperdicio:

Hemos redescubierto que en la catequesis tiene un rol fundamental el primer anuncio o «kerygma», que debe ocupar el centro de la actividad evangelizadora y de todo intento de renovación eclesial (…). En la boca del catequista vuelve a resonar siempre el primer anuncio: «Jesucristo te ama, dio su vida para salvarte, y ahora está vivo a tu lado cada día, para iluminarte, para fortalecerte, para liberarte». Cuando a este primer anuncio se le llama «primero», eso no significa que está al

comienzo y después se olvida o se reemplaza por otros contenidos que lo superan. Es el primero en un sentido cualitativo, porque es el anuncio principal, ese que siempre hay que volver a escuchar de diversas maneras y ese que siempre hay que volver a anunciar de una forma o de otra a lo largo de la catequesis, en todas sus etapas y momentos (…).

La centralidad del kerygma demanda ciertas características del anuncio que hoy son necesarias en todas partes: que exprese el amor salvífico de Dios previo a la obligación moral y religiosa, que no imponga la verdad y que apele a la libertad, que posea unas notas de alegría, estímulo, vitalidad, y una integralidad armoniosa que no reduzca la predicación a unas pocas doctrinas a veces más filosóficas que evangélicas (Papa Francisco, E. G. nn. 165-167).

Estas importantes orientaciones del papa Francisco han guiado todo nuestro proyecto.

Una catequesis de orientación catecumenal

Sin duda, la publicación del **nuevo Directorio General de catequesis (2020)** va a incidir aún más en la revisión de la *catequesis tradicional*, que primaba la trasmisión de conocimientos religiosos según un modelo escolar; ya se están difundiendo nuevos métodos en los que, junto a los contenidos, se habla de etapas, ritos, testimonios, práctica cristiana.

En una reciente Jornada Nacional del Catecumenado, monseñor José Rico Pavés, obispo auxiliar de Getafe y miembro de la Comisión Episcopal de Evangelización, Catequesis y Catecumenado, decía en sus palabras de clausura: "El modelo de toda la iniciación cristiana es el catecumenado de adultos. Por tanto, la iniciación cristiana de niños ha de hacerse según este esquema de ideas y de modelos (catecumenales): etapas, ritos, procesos". Y concluía con estas palabras: "Estamos en una nueva Iglesia: no de cristiandad sino de *evangelización y misión*. Hay que mirar al futuro y no al pasado".

El nuevo Directorio General de Catequesis apuesta claramente a favor de este modelo catequético.

¿A quiénes se dirige este Proyecto?

El proyecto "Catequesis de Orientación Catecumenal" se dirige a una gama amplia de personas a partir de la preadolescencia:

- Chicos y chicas en edad catequética que **comienzan su iniciación cristiana** y que al final desean recibir los sacramentos del Bautismo, Confirmación y Eucaristía.

- Chicos y chicas que **completan su iniciación cristiana** y que al final recibirán el sacramento de la Confirmación y la Eucaristía.

- Chicos y chicas que desean **conocer mejor a Jesucristo**, mejorar su formación cristiana y fundamentar mejor sus convicciones religiosas.

Le hemos dado el calificativo de **"Junior"** porque esas inquietudes, esa necesidad de amar y de ser amado afloran normalmente en la etapa de la adolescencia. Hay una frase en el libro *Camino* que sintetiza muy bien cuál es el objetivo principal de estas catequesis: "Que busques a Cristo. Que encuentres a Cristo. Que ames a Cristo" (San Josemaría Escrivá, Camino, 382). Si bien esa búsqueda no es exclusiva de la adolescencia, no cabe duda de que esta etapa es especialmente sensible al descubrimiento de la amistad y del amor.

Encuentro 1

El libro de los Hechos de los Apóstoles

🎯 **OBJETIVO:** Percibir la importancia que tiene el libro de los Hechos de los Apóstoles para la fe de los cristianos.

📙 **CATECISMO** "Testigos del Señor": tema 25, p. 156-158 y 163. Preguntas 68-70.

PRIMERA PARTE

1. NOS SITUAMOS

La primera comunidad cristiana surgió en **Jerusalén**, poco después de Pentecostés. Luego siguió **Antioquía**, y aquí se llamó por primera vez "cristianos" a los discípulos de Jesús.

El evangelio se fue difundiendo por la cuenca del mar Mediterráneo, que era como la gran autopista de comunicación de entonces. Los Apóstoles comenzaron la evangelización por algunas grandes ciudades del Imperio Romano donde había comunidades judías y eran centros importantes. De hecho, hubo cristianos antes del año 50 en Jerusalén, Antioquía, Damasco, Cesarea, Alejandría y Roma.

Gracias a la predicación de san Pablo, también en España pronto hubo cristianos, sobre todo debido a la presencia de soldados imperiales. Puede decirse que el cristianismo se fue extendiendo como una mancha de aceite: suavemente, pero de modo imparable.

ROMA · CORINTO · ÉFESO · ANTIOQUÍA · ALEJANDRÍA · DAMASCO · JERUSALÉN

DIALOGAMOS

¿Por qué los apóstoles comenzaron a predicar en las comunidades judías?

¿Cuál era su principal mensaje y en qué estaba la novedad de este mensaje?

El libro de los **Hechos de los Apóstoles**, atribuido al evangelista san Lucas, describe los orígenes de la Iglesia y cómo los primeros discípulos de Jesús **continuaron la misión que este les había encomendado**.

Los "Hechos" comienza cuando Jesús, después de su resurrección y antes de subir al cielo, da las últimas instrucciones a sus apóstoles y les envía a ser sus testigos hasta el último confín de la tierra.

Seguidamente, narra la **venida del Espíritu Santo sobre la Iglesia**, la primera predicación de Pedro en Jerusalén y la expansión por las regiones vecinas de Palestina; y, más tarde, con Pablo, la evangelización de las principales ciudades del Asia Menor, hasta llegar a Atenas y a Roma.

El cristianismo que aparece en los Hechos no es una secta ni algo apocado, triste y sin garra. Todo lo contrario, el ideal que anuncian los Apóstoles está dirigido a todos: judíos y gentiles, libres y esclavos, ricos y pobres. No tiene miedo al debate público. Irradia una enorme alegría y energía, como fruto de la acción constante del Espíritu Santo.

LEEMOS

Leemos el Prólogo de los Hechos (Hechos 1, 1-5) y vamos comentando las diversas frases (o los versículos).

3. EL CONTENIDO DE LOS "HECHOS"

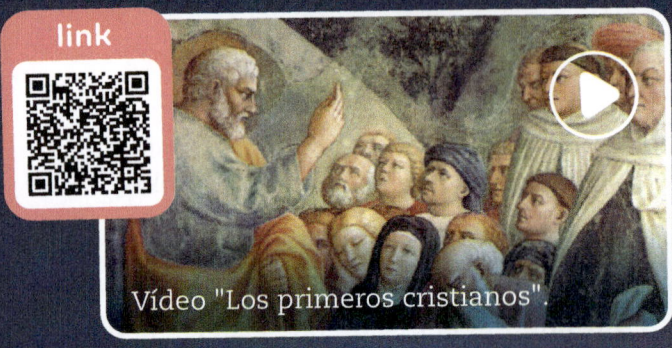

Vídeo "Los primeros cristianos".

Este libro se ha llamado "Quinto evangelio", "Evangelio del Espíritu" y "Primera historia del cristianismo". Juntando las tres frases, nos dan una idea aproximada de sus contenidos.

- Es como "*el quinto evangelio*", porque prolonga lo que dice el evangelio de san Lucas, desde que Jesús ascendió al Cielo.

- Es "*el evangelio del Espíritu*", porque el Espíritu Santo llena todas sus páginas y es el motor de toda la actividad de los apóstoles y de la vida de los primeros cristianos.

- Es "*la primera historia del cristianismo*", porque es un libro histórico que relata la vida de la primitiva Iglesia.

Este libro es un desarrollo pormenorizado del cumplimiento de las palabras de Jesús a sus apóstoles: «*Recibiréis la fuerza del Espíritu Santo que descenderá sobre vosotros y seréis mis testigos en Jerusalén, en toda Judea y Samaría y hasta los confines de la tierra*» (Hechos 1, 8).

Su mayor interés, más que los datos históricos que nos proporciona (que podríamos llamar la historia externa), está en que *muestra el desarrollo interno de la Iglesia primitiva bajo el impulso del Espíritu Santo*; es Él quien da vida, fuerza y consuelo a los apóstoles para realizar el anuncio de la salvación a todos los hombres y mujeres del mundo.

REFLEXIONAMOS

Por qué se ha llamado a los "Hechos de los Apóstoles":

a) "Quinto evangelio"

b) "El evangelio del Espíritu"

c) "La primera historia del cristianismo"

4. PRIMEROS CRISTIANOS

Las páginas de los "Hechos" tienen dos grandes protagonistas: **Pedro y Pablo**.

San Pedro está presente con gran fuerza en los primeros capítulos y encabeza la lista de los Apóstoles que, junto a la Virgen María el día de **Pentecostés**, esperan en oración la venida del Espíritu Santo prometido por Jesús **(Hechos 1, 12-14)**.

Nada más recibirlo, vemos que Pedro sale sin miedo del Cenáculo para anunciar a los judíos, con palabras llenas de vigor, a Jesucristo resucitado como el Mesías que esperaba el pueblo de Israel. «Él es el Señor y el Cristo, a quien vosotros crucificasteis» **(Hechos 2, 36)**.

San Pablo, primero perseguidor de los cristianos, se convertirá después en el apóstol que con más pasión predica a Jesucristo. Impresiona leer su conversión: *Me puse en camino hacia Damasco con el propósito de traerme encadenados a Jerusalén a los que encontrase allí (…). Pero yendo de camino, cerca ya de Damasco, de repente una gran luz del cielo me envolvió con su resplandor; caí por tierra y oí una voz que me decía: «Saulo, Saulo, ¿por qué me persigues?». Yo pregunté: «¿Quién eres, Señor?». Y me dijo: «Yo soy Jesús a quien tú persigues». Yo*

pregunté: «¿Qué debo hacer, Señor?». El Señor me respondió: «Levántate, continúa el camino hasta Damasco, y allí te dirán todo lo que está determinado que hagas» **(Hechos 22, 1-15)**.

REFLEXIONAMOS

¿Cómo sabemos que Pedro tenía la primacía entre los doce Apóstoles?

¿Qué admiras más de Pablo de Tarso?

¿Dónde estaba el secreto de su vigor apostólico para difundir el Evangelio por tantos países y a gentes tan diversas?

Después de siglos de cristiandad, en los que el cristianismo llegó a moldear la cultura de Occidente, hoy nos encontramos con una situación completamente diferente: los cristianos somos minoría en países como España, Europa, EE. UU. y Canadá.

Pero no solo es cuestión de número: la cultura cristiana está en crisis en asuntos tan esenciales como el matrimonio, la vida -aborto y eutanasia-, la falta de trasmisión de la fe de muchos padres a sus hijos, la escasez de vocaciones sacerdotales y religiosas, etc.

Pero, a la vez, *hay un despertar del laicado*:

 Hay cristianos, hombres, mujeres y niños que viven en plenitud **su fe en medio de su vida corriente**, su familia y su trabajo;

 Cada día se ve más la necesidad de que **muchos cristianos de hoy sean *"sal de la tierra y luz del mundo"* (Mateo 5, 13-16)**;

 El Papa Francisco ha dicho a los jóvenes que «la Iglesia necesita de vuestro entusiasmo, vuestras intuiciones, vuestra fe... "¡Nos hacéis falta!» (*Christus vivit*, n. 299).

 Y la **familia cristiana** es completamente necesaria para la *nueva evangelización*.

Esta nueva situación **exige vivir el cristianismo con plena coherencia y claridad**, sin complejos de ningún género, con una fe y confianza plenas en el Señor. Él sigue presente entre nosotros para hacer su Iglesia, pero necesita hombre y mujeres de fe y llenos de iniciativa y empuje.

¡DEBES VIVIR TU FE A LO GRANDE!

REFLEXIONAMOS

> ¿Por qué los primeros discípulos de Jesús *difundieron la fe* en Jesucristo por muchos países? ¿Dónde estuvo la causa de su "éxito"?

> ¿Qué podemos hacer los cristianos de hoy para extender la fe en Jesucristo en el *mundo actual*, en concreto en el ambiente donde vivimos?

Esta actividad es para hacerla en familia conjuntamente el padre o la madre con el hijo/a. No es difícil encontrar unos minutos para ayudarles en su formación cristiana.

El encuentro 1 nos invita a vivir nuestra fe cristiana con plena coherencia y claridad, sin complejos de ningún género. El ejemplo de un joven italiano llamado Carlo Acutis nos anima a ello.

Carlo Acutis nació el 3 de mayo de 1991 en Londres. Murió a los 15 años con fama de santidad después de una grave enfermedad.

Su adolescencia fue como la de cualquier otro chico joven, pasaba tiempo con su familia, sus estudios y sus amigos. Carlo **vivía feliz de ser joven** y gracias a su intensa vida espiritual vivió plenamente los quince años que Dios le concedió. Carlo entendía la vida como don de Dios, como esfuerzo para dar, día a día, amor al Señor y a los demás. Disfrutaba de la naturaleza y de los animales. **Jugaba al fútbol** con sus amigos, y también con la **PlayStation**.

Dedicaba parte de su tiempo a ayudar a personas sin hogar. Con sus primeros ahorros compró un saco de dormir para un mendigo con el que se cruzaba con frecuencia. Prestaba ayuda como voluntario en comedores populares y a personas necesitadas sin techo, inmigrantes y discapacitados.

Carlo fue un **apasionado de la informática**, desarrollando un especial talento para esta ciencia. Ha sido considerado como un genio en esta disciplina, que supo utilizar para hacer apostolado con sus amigos y para difundir el amor a Jesús en la Eucaristía a nivel internacional. En resumen, Carlo era un niño como cualquier otro, pero además tenía en su vida una gran pasión: **Jesucristo**.

Carlo Acutis

Su madre decía: *"Estar cerca de Carlo era estar cerca de una fuente de agua fresca"*. ¿Cómo interpretarías estas palabras? Comentarlo entre toda la familia.

link

Vemos el vídeo "Vida y legado de Carlo Acutis".

Encuentro 2

Hombres nuevos

OBJETIVO: Descubrir que el Espíritu Santo llenó de fortaleza y audacia a los discípulos de Jesús para anunciar su Evangelio.

CATECISMO "Testigos del Señor": tema 24, p. 151-153. Preguntas 70 y 71.

1. NOS SITUAMOS

Jesús, antes de su Ascensión al Cielo, encargó a los apóstoles predicar el evangelio a todos los hombres y mujeres de la tierra. ¡Menuda tarea! Ellos, que eran tan pocos, tan ignorantes, tan cobardes, que no sabían lenguas, que nunca habían salido de Palestina, ni tenían medios de trasporte ni dinero para viajar... debían predicar algo nuevo y que exigía poner a Dios en el centro de la vida a un mundo muy alejado de Él y muy corrompido moralmente.

Cabría esperar que los apóstoles se acobardaran, pensando en todas estas dificultades, y no se atrevieran a salir de su patria. Sin embargo, no fue así. Se lanzaron a poner en práctica lo que Jesús les había mandado y predicaron en las grandes ciudades del Imperio Romano.

No fueron unos insensatos ni unos locos... Bueno, así fueron tomados por más de uno. Pero en realidad su "locura" tenía un sólido fundamento: **habían recibió el Espíritu Santo que les había cambiado y había infundido en ellos una "vida nueva"**. Esa vida nueva nos la está ofreciendo el Espíritu Santo también a los cristianos de hoy.

DIALOGAMOS

¿Qué había dicho Jesús a sus discípulos sobre el Espíritu Santo? (podemos consultar Juan 14, 15-20).

¿Quién es el Espíritu Santo? ¿Cuándo y cómo recibimos nosotros el Espíritu Santo?

link

Vídeo "La venida del Espíritu Santo".

Los **Hechos de los apóstoles** comienzan con las últimas instrucciones que dio Jesús resucitado a los apóstoles que había elegido:

Hechos 1, 3-5.8: *Se les presentó Él mismo después de su Pasión, dándoles numerosas pruebas de que estaba vivo, apareciéndoseles durante cuarenta días y hablándoles del Reino de Dios. Les ordenó que no se alejaran de Jerusalén, sino «aguardad que se cumpla la promesa del Padre, de la que me habéis oído hablar, porque Juan bautizó con agua, pero vosotros seréis bautizados con Espíritu Santo dentro de no muchos días» (…). Recibiréis la fuerza del Espíritu Santo que va a venir sobre vosotros y seréis mis testigos en Jerusalén, en toda Judea y Samaría y hasta el confín de la tierra».*

Hechos 2, 1-8: *Al cumplirse el día de Pentecostés, estaban todos juntos en el mismo lugar. De repente, se produjo desde el cielo un estruendo, como de viento que soplaba fuertemente, y llenó toda la casa donde se encontraban sentados. Vieron aparecer unas lenguas, como llamaradas, que se dividían, posándose encima de cada uno de ellos. Se llenaron todos de Espíritu Santo y empezaron a hablar en otras lenguas, según el Espíritu les concedía manifestarse (…). Al oírse este ruido, acudió la multitud y quedaron desconcertados, porque cada uno los oía hablar en su propia lengua. Estaban todos estupefactos y admirados, diciendo: «¿No son galileos todos esos que están hablando? Entonces, ¿cómo es que cada uno de nosotros los oímos hablar en nuestra lengua nativa?*

REFLEXIONAMOS

¿Cómo eran los apóstoles antes de recibir el Espíritu Santo?
¿Qué transformación obró en ellos el Espíritu Santo?
¿Por qué empezaron a hablar en otras lenguas?

Qué dice el texto

Jesús da las últimas instrucciones a sus apóstoles antes de despedirse de ellos y subir al Cielo. Les promete que van a recibir "un bautismo en el Espíritu Santo". ¿Qué significan estas palabras? Jesús les promete que nos les dejará solos, sino que les enviará el Espíritu Santo, la tercera Persona de la Trinidad, es decir Dios, igual al Padre y al Hijo. Después de recibir el Espíritu Santo se produce en ellos una gran transformación: antes eran cobardes; ahora hablan con gran valentía de Jesucristo anunciando que es el único Salvador de los hombres. Esta fuerza no es suya sino que les viene de Dios Espíritu Santo.

«¡Ven, Espíritu Santo, y toma posesión de mi ser!»

Qué me dice Jesús a mí

Tú que eres cristiano, pues has recibido el Bautismo, ¿actúas con esa valentía y fortaleza? ¿Das la cara por mí cuando otros atropellan mis Mandamientos? Yo he dado mi vida por ti y te he hecho mío por el Bautismo. Si te abandonas en mis manos, recibirás luces en tu entendimiento y vigor en tu voluntad para ser mi testigo en el mundo de hoy. Podrás serlo con mi ayuda en los Sacramentos, donde te ofrezco la gracia y la fuerza del Espíritu Santo.

Qué le puedo decir yo a Jesús

Jesús, veo que los apóstoles al recibir el Espíritu Santo recibieron unas luces y una fuerza que antes no habían tenido. Por eso quiero darte gracias porque me darás el Espíritu Santo con más fuerza cuando reciba la Confirmación. Quiero pedirte ya desde ahora que ese Espíritu llene "mi corazón y mi mente con el fuego de tu Amor". Solo así podré ser tu testigo en el mundo y hablar de Ti a mis amigos y compañeros.

ORACIÓN AL ESPÍRITU SANTO

¡Ven, Espíritu Santo, y toma posesión de mi ser para que todas mis palabras, pensamientos y acciones estén presididas por el Amor a Dios y a los demás!

Rezamos juntos *la oración del Gloria.*

4. PRIMEROS CRISTIANOS

Lo que Jesús pidió a los primeros cristianos parecía una *misión imposible*. Les pidió ser testigos suyos y de su Evangelio en medio de un mundo pagano y corrompido. Les urgió a instaurar en el mundo, con la ayuda del Espíritu Santo, el Reino de Dios, un Reino de paz y de amor.

Los primeros cristianos no se acobardaron ante las enormes dificultades que se les presentaron, ni siquiera ante las persecuciones que pronto comenzaron. Se lanzaron a aquella "aventura" llenos de confianza en el Señor. La gracia del Espíritu Santo les había convertido en **hombres nuevos**.

Aquellos hombres y mujeres, niños y ancianos meditaban con frecuencia lo que San Pablo les había escrito en sus cartas:

«Porque todos los que fuisteis bautizados en Cristo os habéis revestido de Cristo. Ya no hay diferencia entre judío y griego, entre esclavo y libre, ni entre hombre y mujer, porque todos vosotros sois uno solo en Cristo Jesús» **(Gálatas 3, 26).**

«Huid de la fornicación (…). ¿No sabéis que vuestro cuerpo es templo del Espíritu Santo, que está en vosotros y habéis recibido de Dios, y que no os pertenecéis? Glorificad, por tanto, a Dios con vuestro cuerpo» **(1 Corintios 6, 18-20).**

REFLEXIONA Y RESPONDE

¿Qué enseña la fe del cristiano sobre ser un "hombre nuevo" o "mujer nueva"?

¿Qué retrae a muchos cristianos de hoy de ese gran ideal?

¿A qué se debe esa diferencia abismal entre nosotros y los primeros discípulos de Jesús?

Catequista: *Vamos a acudir al Espíritu Santo para pedirle que venga sobre nosotros y nos cambie como cambió a los apóstoles. Yo haré las peticiones y vosotros contestaréis a cada una diciendo:*

Ven, Espíritu Santo, y haz que seamos cristianos de verdad.

Catequista: Ven, Espíritu Santo sobre nosotros, y haz que seamos cristianos de verdad, no solo de nombre.

Todos: *Ven, Espíritu Santo, y haz que seamos cristianos de verdad.*

Catequista: Ven, Espíritu Santo, y haz que no tengamos miedo a manifestar que somos cristianos con nuestras obras y nuestras palabras.

Todos: *Ven, Espíritu Santo, y haz que seamos cristianos de verdad.*

Catequista: Ven, Espíritu Santo, y danos un corazón grande para amar a todos, especialmente a quienes están más necesitados.

Todos: *Ven, Espíritu Santo, y haz que seamos cristianos de verdad.*

Catequista: Ven, Espíritu Santo, y concede a los obispos y sacerdotes que sean siempre buenos pastores del rebaño que tienen encomendado.

Todos: *Ven, Espíritu Santo, y haz que seamos cristianos de verdad.*

Catequista: Oh Dios, que llenas los corazones de tus fieles con la luz del Espíritu Santo; concédenos que, guiados por el mismo Espíritu, vivamos con rectitud y gocemos siempre de tu consuelo. Por Jesucristo Nuestro Señor.

Todos: *Amén*.

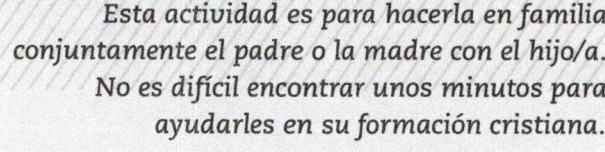

Esta actividad es para hacerla en familia conjuntamente el padre o la madre con el hijo/a. No es difícil encontrar unos minutos para ayudarles en su formación cristiana.

La conversión de Saulo de Tarso

Leemos en familia y vamos dialogando sobre este relato.

La conversión de Saulo de Tarso es uno de los relatos más emocionantes de los Hechos de los Apóstoles. Cuenta los Hechos que el joven Saulo perseguía con furia a los cristianos y se dirigía a la ciudad de Damasco para acabar con los de aquella comunidad:

«Cuando ya estaba cerca de Damasco, de repente una luz celestial lo envolvió con su resplandor. Cayó a tierra y oyó una voz que le decía: «Saulo, Saulo, ¿por qué me persigues?». Dijo él: «¿Quién eres, Señor?». Respondió: «Soy Jesús, a quien tú persigues. Pero levántate, entra en la ciudad, y allí se te dirá lo que tienes que hacer».

Sus compañeros de viaje se quedaron mudos de estupor, porque oían la voz, pero no veían a nadie. Saulo se levantó del suelo, y, aunque tenía los ojos abiertos, no veía nada. Lo llevaron de la mano hasta Damasco. Allí estuvo tres días ciego, sin comer ni beber».

Mientras tanto, Jesús le habló a un sacerdote llamado Ananías que vivía en Damasco:

«El Señor le dijo: "Anda, ve; que ese hombre es un instrumento elegido por mí para llevar mi nombre a pueblos y reyes, y a los hijos de Israel. Yo le mostraré lo que tiene que sufrir por mi nombre"». (…).

Ananías, entró en la casa donde estaba Saulo, le impuso las manos y dijo: "Hermano Saulo, el Señor Jesús, que se te apareció cuando venías por el camino, me ha enviado para que recobres la vista y seas lleno de Espíritu Santo". Inmediatamente se le cayeron de los ojos una especie de escamas, y recobró la vista. Se levantó, y fue bautizado. Comió, y recobró las fuerzas". (Hechos 9).

Dialogamos en familia

¿Cómo fue tan rápida la conversión de Saulo?

¿Cuál fue el hecho decisivo en ella?

Dialogamos en familia

Saulo perseguía a los cristianos. ¿Por qué entonces le dijo Jesús a Saulo: «¿Por qué me persigues?», y no más bien: «¿Por qué persigues a mis miembros?»

link

Vemos el vídeo "El camino a Damasco". Canal YouTube Iglesia de Jesucristo*

Encuentro 3

El primer anuncio: el kerygma

🎯 **OBJETIVO:** Descubrir que lo decisivo es el amor que Dios nos tiene, manifestado al enviarnos a su Hijo para nuestra salvación.

📖 **CATECISMO** "Testigos del Señor": tema 24, p. 151-153. Preguntas 18, 20, 70 y 71.

1. NOS SITUAMOS

Siempre se han anunciado los grandes acontecimientos: un eclipse de sol, la llegada del primer hombre a la luna…

Dios también nos anunció repetidas veces el anuncio más grande de la Historia de la Humanidad: la venida al mundo de su Hijo, el Salvador. Lo anunciaron durante siglos los profetas, lo anunció el ángel Gabriel a la Virgen María…

El nacimiento de Jesucristo marca un "antes" y un "después" en la Historia de la humanidad: "antes de Cristo y después de Cristo".

Jesús comenzó su vida pública con un anuncio: «*El tiempo se ha cumplido y el Reino de Dios está cerca; convertíos y creed en el Evangelio*» **(Marcos, 1, 15)**. Este anuncio lo va a dirigir Jesús en primer lugar al pueblo de Israel; pero más tarde se lo da a sus discípulos como una misión universal: «*Id, pues, y haced discípulos a todos los pueblos…*».

¡ATENCIÓN TODOS! ¡DIOS VA A VENIR AL MUNDO!

¿Qué significa la palabra "kerygma"?

"Kerygma" significa **primer anuncio**. Es el mensaje central del EVANGELIO: *Jesucristo,* **el Hijo de Dios,** *te ama, dio su vida* **por ti**; *resucitó al tercer día y ahora vive en el Cielo y está junto a ti para iluminarte, para fortalecerte, para* **hacerte feliz para siempre en el Cielo**. (Cf. Papa Francisco, *La alegría del Evangelio,* n. 164).

Recordáis que el día de **Pentecostés** los Apóstoles recibieron el Espíritu Santo en forma de lenguas de fuego que se posaron sobre cada uno de ellos.

Por la acción del Espíritu Santo los Apóstoles salieron audazmente a las calles a anunciar a Jesús Resucitado. Este iba a **ser el ANUNCIO más revolucionario que habían conocido los siglos.**

Hechos 2, 14. 22-24.32-33.36: *(Los judíos de Jerusalén) estaban todos estupefactos y desconcertados, diciéndose unos a otros: «¿Qué será esto?». Entonces Pedro, poniéndose en pie junto con los Once, levantó su voz y con toda solemnidad declaró ante ellos: «Judíos y vecinos todos de Jerusalén, enteraos bien y escuchad atentamente mis palabras: a Jesús el Nazareno, varón acreditado por Dios ante vosotros con los milagros, prodigios y signos que Dios realizó por medio de él, como vosotros mismos sabéis, a este, entregado conforme al plan que Dios tenía establecido y previsto, lo matasteis, clavándolo a una cruz por manos de hombres inicuos.*

Pero Dios lo resucitó, librándolo de los dolores de la muerte, por cuanto no era posible que esta lo retuviera bajo su dominio, de lo cual todos nosotros somos testigos. Exaltado, pues, por la diestra de Dios y habiendo recibido del Padre la promesa del Espíritu Santo, lo ha derramado sobre nosotros. Esto es lo que estáis viendo y oyendo. Por lo tanto, con toda seguridad conozca toda la casa de Israel que al mismo Jesús, a quien vosotros crucificasteis, Dios lo ha constituido Señor y Mesías».

link

Vemos el vídeo **"Creo en el Espíritu Santo"**.

PEN TE COS TÉS

Qué dice el texto

Pedro y los demás Apóstoles comprendieron, bajo la luz del Espíritu Santo, que **Jesús es el Mesías, el Salvador del mundo (Cf. Mateo 16, 13 y ss.).**

Los Apóstoles, con la fuerza del Espíritu Santo, anunciaron con gran valentía a Jesucristo como **Mesías**, sin miedo a ser encarcelados, jugándose la vida por enseñar esta verdad ante el pueblo y las autoridades judías. ¡Tenían que proclamar que Dios nos quiere tanto, **que ha muerto y ha resucitado por nosotros para darnos la verdadera Vida!**

Qué me dice Jesús a mí

Me dice que para ser discípulo suyo debo abrirle mi corazón, acoger su Evangelio, adecuar a él mi conducta y pedir el Bautismo –si no estoy bautizado– o renovarlo, si ya lo he recibido. También me dice que diga a mis familiares, compañeros y amigos cuánto los ama Jesús.

Qué le puedo decir yo a Jesús

Jesús: ¡aumenta mi fe y mi confianza en ti! Si no me ayudas con tu gracia, no podré ser un verdadero testigo tuyo; me podrá mi egoísmo, mis caprichos, mis pecados… Jesús, gracias por haber sufrido tu Pasión y tu Muerte por Amor a mí para pagar -**TÚ QUE ERES DIOS**- por mis pecados; y gracias porque has resucitado para ganarme la felicidad del Cielo.

REZAMOS

Oración "Señor mío, Jesucristo"
(también llamada Acto de contrición):

¡Señor mío, Jesucristo!, Dios y Hombre verdadero,
Creador, Padre y Redentor mío;
por ser Vos quien sois, Bondad infinita, y porque os amo sobre todas las cosas, me pesa de todo corazón de haberos ofendido;
también me pesa porque podéis castigarme
con las penas del infierno. Ayudado de vuestra divina gracia, propongo firmemente nunca más pecar,
confesarme y cumplir la penitencia que me fuera impuesta. Amén.

4. PRIMEROS CRISTIANOS

Este pasaje de los "Hechos" es un ejemplo paradigmático de lo que es el **"primer anuncio"** a un pagano. El diácono Felipe se acerca al ministro etíope y le ayuda a entender el texto del profeta Isaías sobre el "Siervo de Yavé", que anuncia a Jesucristo.

Hechos 8, 26-40: *Felipe se puso en camino y, de pronto, vio venir a un etíope; era un ministro de Candaces, reina de Etiopía e intendente del tesoro, que había ido a Jerusalén para adorar. Iba de vuelta, sentado en su carroza, leyendo al profeta Isaías.*

El Espíritu dijo a Felipe: «Acércate a la carroza». Felipe se acercó y le oyó leer el profeta Isaías, y le preguntó: «¿Entiendes lo que estás leyendo?». Contestó: «¿Y cómo voy a entenderlo si nadie me guía?». E invitó a Felipe a sentarse con él. El pasaje de la Escritura que estaba leyendo era este: ´Como cordero fue llevado al matadero, como oveja muda ante el esquilador, así no abre su boca. En su humillación no se le hizo justicia. ¿Quién podrá contar su descendencia? Pues su vida ha sido arrancada de la tierra.

El etíope preguntó a Felipe: «Por favor, ¿de quién dice esto el profeta?, ¿de él mismo o de otro?». Felipe se puso a hablarle y le anunció la Buena Nueva de Jesús. Continuando el camino, llegaron a un sitio donde había agua, y dijo el etíope: «Mira, agua. ¿Qué dificultad hay en que me bautice?». Mandó parar la carroza, bajaron los dos al agua, Felipe y el etíope, y lo bautizó.

DIALOGAMOS

¿Por qué este pasaje es realmente un ejemplo de "primer anuncio"?

¿Qué le movió a Felipe a acercarse al etíope?

¿Cómo es que el etíope pidió espontáneamente a Felipe el Bautismo?

EL SÍMBOLO DE LOS APÓSTOLES O CREDO

El **Símbolo de los Apóstoles** o **Credo de los Apóstoles** es un *símbolo de la fe con los contenidos esenciales de la fe cristiana* que rezaban los bautizados desde tiempos muy remotos. Su autoridad le viene por ser "el símbolo que guarda la Iglesia romana, la que fue sede de Pedro, el primero de los apóstoles" (San Ambrosio).

Lo podemos recitar juntos:

Creo en Dios,
Padre todopoderoso,
creador del cielo y de la tierra.
Creo en Jesucristo,
su único Hijo, nuestro Señor,
que fue concebido por obra y gracia del Espíritu Santo,
nació de santa María Virgen,
padeció bajo el poder de Poncio Pilato,
fue crucificado, muerto y sepultado,
descendió a los infiernos,
al tercer día resucitó de entre los muertos,
subió a los cielos y está sentado
a la derecha de Dios, Padre todopoderoso.
Desde allí ha de venir a juzgar a vivos y muertos.

Creo en el Espíritu Santo, la santa Iglesia católica,
la comunión de los santos, el perdón de los pecados,
la resurrección de la carne y la vida eterna.
Amén.

Catequista: *Oh Dios, que quieres que todos los hombres salven y lleguen al conocimiento de la verdad: haz que resuene este mensaje en todas partes y sea acogido por todos. Te lo pedimos por Jesucristo Nuestro Señor.*

Todos: *Amén.*

6. CATEQUESIS EN FAMILIA

Estas actividades son para hacer conjuntamente los padres (o uno de ellos) con el hijo o la hija. No es difícil encontrar unos minutos para ayudarles en su formación cristiana.

Subimos una escalera: Para entender bien este encuentro tendréis que subir juntos los peldaños de esta escalera:

1. Se nos ha revelado por Jesucristo.

2. Protagonista de estas catequesis.

3. Símbolo de los Apóstoles.

4. Libro que habla de los Apóstoles.

5. El que bautizó a un etíope.

6. El "primer anuncio".

7. Mesías significa...

8. Sobre los que bajó el Espíritu Santo.

9. Los Apóstoles comenzaron a predicar el...

10. Día de la venida del Espíritu Santo.

Letras finales de los peldaños (de arriba a abajo): S, S, O, S, E, A, R, S, O, S

Escribid en las líneas de abajo una redacción coherente usando las frases de la actividad anterior y poner un título a esta redacción:

link

Vemos el vídeo "Creo en el Espíritu Santo".

Encuentro 4

La primera Comunidad Cristiana

OBJETIVO: Conocer los principales rasgos de las primeras comunidades cristianas para aprender de ellas.

CATECISMO "Testigos del Señor": tema 27, p. 1168-172. Preguntas 24, 25, 72 y 73.

1. NOS SITUAMOS

INVESTIGANDO LOS ORÍGENES

Si quisiéramos analizar el nivel de calidad del agua del río Amazonas, el más largo del mundo, no tomaríamos unas muestras cerca de su desembocadura en el océano Atlántico, pues sus aguas llegan allí muy contaminadas. Sería más lógico tomar las muestras cerca de su nacimiento, donde brota el agua en toda su pureza.

Los Hechos de los Apóstoles nos muestran cómo fue la vida de los cristianos en la primera comunidad fundada por los Apóstoles en Jerusalén. Mirándonos en esa comunidad como en un espejo, descubriremos cómo era la vida de aquellos primeros cristianos para deducir cómo debería ser la vida comunitaria eclesial de los cristianos de hoy.

DIALOGAMOS

¿Quiénes formarían parte de la primera comunidad de cristianos en Jerusalén?

¿Por qué tiene interés para nosotros saber cómo vivían aquellos cristianos?

¿Dónde podemos encontrar información fiel?

Leemos lo que dicen los "Hechos de los apóstoles" sobre la primera comunidad cristiana de Jerusalén:

Hechos 2, 42-47: *Perseveraban en la enseñanza de los apóstoles, en la comunión, en la fracción del pan y en las oraciones. Todo el mundo estaba impresionado y los apóstoles hacían muchos prodigios y signos (…).*

Todos los creyentes vivían unidos y tenían todo en común; vendían posesiones y bienes y los repartían entre todos, según la necesidad de cada uno.

Con perseverancia acudían a diario al templo con un mismo espíritu, partían el pan en las casas y tomaban el alimento con alegría y sencillez de corazón; alababan a Dios y eran bien vistos de todo el pueblo; y día tras día el Señor iba agregando a los que se iban salvando.

¿VIVIERON LOS PRIMEROS CRISTIANOS UNA ESPECIE DE "COMUNISMO"?

El autor de los Hechos quiere destacar el primado de la caridad y la importancia que tiene el desprendimiento de los bienes. Por eso presenta un ejemplo (Bernabé: *Hech 4, 36-37*, y un contraejemplo: Ananías y Safira: *Hech 5, 1-11*).

«Tenían un solo corazón y una sola alma»

REFLEXIONAMOS

¿Qué rasgos destacarías en los cristianos que formaban la primera comunidad de Jerusalén y qué significado tenía cada uno de ellos?

¿A qué se llamaba entonces "la fracción del pan"?
¿Sabes por qué la llamaban así?

3. ANALIZAMOS EL TEXTO

Qué dice el texto

El texto de la página anterior nos descubre cómo vivieron los primeros cristianos y cuáles eran las *características esenciales de la nueva comunidad*, según estas cuatro notas fundamentales:

1. Escuchan asiduamente la *enseñanza de sus pastores* (los apóstoles);
2. Practican una voluntaria *comunión de bienes materiales y espirituales* (generosidad con los más necesitados);
3. Celebran la Eucaristía–fracción del pan– en las casas, pues todavía no tenían lugares exclusivos para el culto;
4. Son asiduos en la práctica de la oración.

Este es el modelo y el paradigma que es preciso vivir ahora. Será necesario hacer adaptaciones, pero esos cuatro rasgos deben permanecer siempre claros.

Qué me dice Jesús a mí

¿Vives tú así? ¿Te consideras miembro en la Iglesia como una comunidad de hermanos? ¿Sigues las enseñanzas del Papa y de los demás pastores? ¿Practicas la limosna, la visita a los enfermos, la ayuda a los demás...? ¿Vas a Misa los domingos y recibes con frecuencia la Eucaristía? Cuando vas a comenzar tu trabajo, ¿se lo ofreces a Jesús?

Qué le puedo decir yo a Jesús

- Que te ayude a ser un cristiano de verdad, como aquellos primeros, guardando esas cuatro notas por amor a Jesús y a su Iglesia.

- Que te ayude con su gracia, porque solo no puedes.

DIALOGAMOS

¿Cómo explicarías que la "comunión de bienes" que vivieron aquellos primeros cristianos no era lo que siglos más tarde se llamó "comunismo"?
¿Qué quiere enseñarnos ese texto de los Hechos?

link

Vemos el vídeo
"La Misa de los primeros cristianos".
Canal YouTube Iglesia de Jesucristo*

4. PRIMEROS CRISTIANOS

La **CARTA A DIOGNETO** –de autor desconocido– es un escrito de finales del siglo II dirigido a un pagano en defensa de la fe cristiana. Esta larga carta ha sido muy apreciada siempre en la Iglesia porque *explica cómo vivían los cristianos –su espiritualidad, sus costumbres y sus creencias– en una sociedad pagana que frecuentemente los humillaba y perseguía.* Así dice un fragmento de esa carta:

"Habitan en la propia patria como extranjeros. Cumplen con lealtad sus deberes ciudadanos, pero son tratados como forasteros. Se casan como todos, tienen hijos, pero no abandonan a sus recién nacidos. Tienen en común la mesa, pero no la cama. Están en la carne, pero no viven según la carne. Habitan en la tierra, pero como ciudadanos del cielo. Obedecen a las leyes del Estado, pero, con su vida, van más allá de la ley. Aman a todos y son perseguidos por todos. No son conocidos, pero todos los condenan. Son matados, pero siguen viviendo. Son pobres, pero hacen ricos a muchos. No tienen nada, pero abundan en todo. Son despreciados, pero en el desprecio encuentran gloria ante Dios. Son maltratados y ellos tratan a todos con amor. Hacen el bien y son castigados como malhechores. Aunque se les castigue, están serenos, como si, en vez de la muerte, recibieran la vida. Son atacados por los judíos como una raza extranjera. Los persiguen los paganos, pero ninguno de los que los odian sabe decir el por qué".

DIALOGAMOS

¿Qué puntos te han llamado más la atención en esta descripción de la vida de los primeros cristianos?

¿En qué puntos deberíamos aprender de ellos los cristianos de hoy?

Hoy vamos a concluir haciendo dos cosas:

Primera: Escribiremos en un pequeño papel el nombre de una persona necesitada que conozcamos: enferma o pobre o que vive sola; es decir, una persona que tiene alguna necesidad concreta: su nombre y su necesidad.

Metemos cada papel en una bolsa (que el catequista ha preparado previamente); luego, el catequista irá sacando cada papel, uno a uno, lo leerá en voz alta y orará así:

Señor, Te pedimos que ayudes a esta persona (que tiene tal necesidad...).

Y todos diremos: *Señor, escucha nuestra oración.*

Segunda: Cuando terminemos, cada uno hará una breve reflexión en silencio para pensar en una obra de misericordia que va a realizar en cuanto le sea posible, sin demora; la escribe en otro papel y lo guarda; después, todos juntos rezaremos esta oración:

ORACIÓN: Jesús, dame un corazón lleno de Amor y de misericordia como el que tuvieron los primeros cristianos, que me lleve a amarte a Ti en primer lugar y, después, a mis prójimos con obras y de verdad. Amén.

Se podría terminar esta celebración con un canto adecuado que todos conozcamos.

«Un precepto nuevo os doy: que os améis los unos a los otros; como yo os he amado, así también amaos mutuamente. En esto conocerán todos que sois mis discípulos: Si tenéis caridad unos para con otros».
Jn 13, 34-35.

Estas actividades son para hacer conjuntamente los padres (o uno de ellos) con el hijo o la hija. No es difícil encontrar unos minutos para ayudarles en su formación cristiana.

link

"El Buen Pastor"
Canal YouTube Iglesia de Jesucristo*

Vemos este vídeo en familia y luego:
- Comentamos lo que hemos visto y oído.
- Comentamos el significado del dibujo y qué relación tiene esa imagen con la Iglesia.

link

Vídeo "La Misa de los primeros cristianos".
Canal YouTube Iglesia de Jesucristo*

Explica este dibujo

Observa con tus padres este dibujo y explícales con detalle lo que representa cada una de esas personas en la Iglesia:

¿Quiénes son?
¿Qué misión tiene la religiosa?
¿Y el hombre y la mujer?
¿Y la niña y el niño?
¿Y el sacerdote?

Sopa de letras

Busca y encuentra las palabras:

La Iglesia es como un...

Jesús en ese cuerpo es la...

El cuerpo no puede vivir sin la...

Se entra en la Iglesia por medio del...

Todos los bautizados formamos la...

El fin de la Iglesia es que lleguemos al...

Jesús dijo: "Yo soy la verdadera..."

Los sarmientos solo tienen vida unidos a la...

C	U	E	R	P	O	B
I	C	A	B	E	Z	A
G	A	W	G	H	F	U
L	B	C	V	I	D	T
E	E	S	D	I	V	I
S	Z	F	E	R	T	S
I	A	V	S	B	Y	M
A	X	C	I	E	L	O

Encuentro 5

Un modo de vida nuevo

🎯 **OBJETIVO:** Ser cristiano no es una chaqueta de quita y pon, sino un modo de vida nuevo arraigado en la fe.

📖 **CATECISMO** "Testigos del Señor": tema 28, p. 174-177. Preguntas 90 a 97.

PRIMERA PARTE

1. NOS SITUAMOS

«Ha obtenido usted matrícula de honor y yo, como Vicerrector de la Universidad, le invito a incorporarse a la plantilla de nuestros profesores».

Estas fueron las palabras con las que el presidente examinador comunicó a Iván la calificación obtenida en su doctorado. Iván se lo agradeció, pero prefirió incorporarse a un hospital extranjero más avanzado. Al cabo de unos años, había llegado a tal grado de prestigio que le propusieron pasar a ser director del mismo.

Iván aceptó encantado, pero puso una condición: «Si yo asumo la dirección del hospital, no se volverán a realizar abortos». Le dijeron que, si persistía en esta postura, no podría ser nombrado director. Iván no dudó ni un instante y declaró: «Yo soy cristiano. La vida es sagrada y los médicos deben cuidarla, no destruirla». Perdió ese puesto donde podría haber ganado mucho dinero. Pero fue coherente con la ética de un hombre de bien y de un cristiano.

DIALOGAMOS

¿Cómo valoras la decisión de Iván? ¿Defender la vida es solo cuestión de fe?

¿Hay valores humanos innegociables?
¿Cuál es su fundamento? ¿Indicamos algunos?

Romanos 6, 3-5: *¿Es que no sabéis que cuantos fuimos bautizados en Cristo Jesús fuimos bautizados en su muerte? Por el bautismo fuimos sepultados con él en la muerte, para que, lo mismo que Cristo resucitó de entre los muertos por la gloria del Padre, así también nosotros andemos en una vida nueva. Pues si hemos sido incorporados a él en una muerte como la suya, lo seremos también en una resurrección como la suya.*

Romanos 1, 20-22: *Pues lo invisible de Dios, su eterno poder y su divinidad, son perceptibles para la inteligencia a partir de la creación del mundo a través de sus obras; sin embargo, muchos son inexcusables, pues, habiendo conocido a Dios, no lo glorificaron como Dios ni le dieron gracias; todo lo contrario, se ofuscaron en sus razonamientos, de tal modo que se oscureció su insensato corazón; presumiendo de sabios se hicieron necios.*

Romanos 1, 24-32: *Por lo cual Dios los entregó a una impureza tal que degradaron sus propios cuerpos; es decir, cambiaron la verdad de Dios por la mentira, adorando y dando culto a la criatura y no al Creador (…). Por esto, Dios los entregó a pasiones vergonzosas (…).Y, como no juzgaron conveniente prestar reconocimiento a Dios, los entregó Dios a su mente insensata, para que hicieran lo que no conviene: llenos de toda clase de injusticia, maldad, codicia, malignidad; henchidos de envidias, de homicidios, discordias, fraudes, perversiones; difamadores, calumniadores, enemigos de Dios, ultrajadores, altaneros, fanfarrones, ingeniosos para el mal, rebeldes a sus*

padres, insensatos, desleales, crueles, despiadados; los cuales, aunque conocían el veredicto de Dios según el cual los que hacen estas cosas son dignos de muerte, no solo las practican sino que incluso aprueban a los que las hacen.

REFLEXIÓN
Son textos muy importantes que indican hasta qué punto es necesario el Bautismo para vivir la "vida nueva" de los hijos de Dios.

DIALOGAMOS

¿Ves signos de alejamiento de Dios en la sociedad actual? ¿Señalamos algunos? ¿Cómo mantener esa vida nueva de hijos de Dios a lo largo de la vida?

3. ANALIZAMOS EL TEXTO

Qué dice el texto

El *primer texto* dice que el cristiano, al recibir el bautismo, recibe una vida nueva. No es como una prenda de vestir que le ponen encima para que se la ponga y quite según le convenga para sus intereses y ambiciones. El cristiano, por el agua santificadora del Bautismo, es *consagrado a Jesucristo*, muere a la vieja creatura y resucita a la *nueva creatura en Cristo; el Bautismo nos hace cristianos, es decir "otros cristos"*. El cristiano es el sarmiento que debe estar unido a la Vid divina (Jesucristo) en todo momento, en las duras y en las maduras.

El *segundo y tercer texto* describen la situación en que se encontraba el mundo pagano. En él tuvieron que vivir los primeros cristianos. Con su nuevo modo de vida, contrario a todo eso, lograron cambiarlo y hacer un mundo nuevo. Eran débiles y pecadores como nosotros, pero lucharon con su confianza puesta en Jesucristo.

Qué me dice Jesús a mí

A partir del momento de tu Bautismo, Yo vivo en ti y tú estás llamado a vivir en mí, a ser un sarmiento unido a la Vid. De esa Vid divina te viene la *Vida de la gracia*, por la que has sido hecho hijo de Dios. Cuento contigo para cambiar el mundo y hacerlo más humano y más cristiano. Basta con que vivas como cristiano en todo lugar y en todo momento: esa es tu "vocación" en la tierra. Esto es lo realmente importante. Así estás cumpliendo mi voluntad y harás mucho bien en el mundo a los demás.

Qué le puedo decir yo a Jesús

Cuenta contigo para una empresa tan maravillosa como es la conversión del mundo a ti. Sé que esto no es fácil; tampoco lo fue para Iván; pero con tu ayuda podré, Jesús. ¡Ayúdame a ser tan valiente como lo fue Iván!

DIALOGAMOS

¿Cómo podemos conservar esa maravillosa dignidad recibida en el Bautismo?

4. PRIMEROS CRISTIANOS

LA CONVERSIÓN DE SAN AGUSTÍN

Agustín de Hipona recuerda su conversión a la fe católica en su famosa autobiografía titulada **"Confesiones"**: «*Viejas amigas (sus malas costumbres) me tiraban dulcemente de mi vestido de carne y me decían: Agustín, ¿cómo?, ¿nos vas a abandonar?*» Finalmente, el Señor le dio un empujón definitivo. Fue así:

Nos cuenta en "Confesiones" que una tarde salió al jardín de su casa de Milán. «*¡Hasta cuándo, me preguntaba, hasta cuándo…! Y yo mismo respondía: ¡mañana, mañana!… ¿Por qué no hoy? ¿Por qué no ahora mismo y pongo fin a todas mis miserias?*». Entonces escuché una voz de un niño que gritaba desde una casa vecina: «*¡Toma y lee! ¡Toma y lee!*».

Pensó que Dios se servía de ese niño para decirle algo. Corrió hacia el libro de las Escrituras Santas, lo abrió al azar y leyó en silencio: «*No andéis más en comilonas y borracheras, ni haciendo cosas impúdicas. Dejad ya las contiendas y peleas. Revestíos de Nuestro Señor Jesucristo, y no busquéis cómo contentar los antojos de la carne y sus deseos*» **(Romanos 13, 13-14).**

Cerró el libro. Esa era la respuesta. No quiso leer más. «*Como si me hubiera inundado el corazón una fortísima luz, se disipó toda la oscuridad de mis dudas*».

REFLEXIONAMOS

Leemos el texto anterior, reflexionamos sobre él y lo compartimos:
¿Qué os ha llamado más la atención de la conversión de Agustín?
¿Por qué se resistía tanto a abrazar la fe católica?
¿Qué le decidió a ello?

Vamos a recordar el Bautismo de los que ya lo habéis recibido o anunciarlo a los que van a recibirlo. Después de las lecturas y de la homilía, el sacerdote pronuncia una bendición sobre el agua. Al final dice estas palabras:

"Mira ahora, Señor, a tu Iglesia en oración
Y abre para ella la fuente del Bautismo.
Que esta agua, reciba, por el Espíritu Santo,
La gracia de tu Unigénito,
Para que el hombre, creado a tu imagen
Y limpio en el Bautismo,
Muera al hombre viejo
Y renazca, como niño, a nueva vida.

Después, pronuncia la fórmula bautismal:

"N. Yo te bautizo en el nombre del Padre y del Hijo y del Espíritu Santo".

Realizado el Bautismo, el ministro impone al bautizado un **vestido blanco** y dice:

Ya sois nueva criatura
Y habéis sido revestidos de Cristo;
Recibid, pues, la vestidura blanca
que habéis de llevar limpia de mancha
ante el tribunal de nuestro Señor Jesucristo
para alcanzar la vida eterna.

R. Amén

Luego, entrega a los bautizados un **cirio encendido**, y dice:

Habéis sido trasformados en luz de Cristo.
Caminad siempre como hijos de la luz,
A fin de que, perseverando en la fe,
podáis salir con todos los santos
al encuentro del Señor.

R. Amén.

Vídeo "El bautismo".

link

Esta actividad es para hacerla en familia conjuntamente el padre o la madre con el hijo/a. No es difícil encontrar unos minutos para ayudarles en su formación cristiana.

Familia

Mesa

Biblia

Imagen de la Virgen

Flores

Vela

NUESTRO RINCÓN DE ORACIÓN

Leemos en familia y vamos dialogando sobre este relato.

Comenzamos haciendo la señal de la Cruz.

Lectura del Evangelio: Jesús nos dijo: «Donde hay dos o tres reunidos en mi nombre para orar, allí estoy Yo en medio de ellos» (Mateo 18, 20).

Comentario: Es maravilloso saber que cuando nos reunimos a rezar en familia, viene Jesús para estar en medio de nosotros. ¡Bienvenido, Jesús!

Signo cristiano: El rincón de oración
Nos será muy útil tener en la casa un rincón para hacer oración.

Su finalidad: Saber que podemos tener en casa un lugar sencillo, recogido y tranquilo para rezar en familia, leer la Biblia, vivir el Mes de Mayo, etc. Lo primero es decidir dónde lo vamos a tener.

Elementos: Sobre una mesita colocamos un mantelito blanco, una imagen de la Virgen María y el Niño o una imagen de la Sagrada Familia.

Además, colocamos:
-Una Biblia.
-Unas flores.
-Una vela.

Hacemos un propósito: Pensamos en qué momentos podemos reunirnos para rezar en el "Rincón de oración". Decidimos cuál va a ser la próxima reunión.

Oración final: Podemos rezar un Avemaría a la Virgen pidiéndole que bendiga este rincón de oración y a los que vamos a rezar en él.

Terminamos haciendo la señal de la Cruz.

Encuentro 6
Un mundo sin fronteras

🎯 **OBJETIVO:** Descubrir que todos los seres humanos somos iguales por ser imagen de Dios.

📙 **CATECISMO** "Testigos del Señor": tema 28, p. 176-177. Preguntas 90 a 97.

1. NOS SITUAMOS

«TENGO UN SUEÑO»

Es el día 28 de agosto de 1963 en Washington (USA). Delante del monumento a Abraham Lincoln hay doscientas mil personas que reclaman los derechos civiles para los negros. El líder Martin Luther King toma el micrófono y dice: «*Hace cien años, un gran americano, cuya sombra simbólica nos cobija, firmó la Proclama de la emancipación. Fue la alegría de un amanecer para terminar con la larga noche de la esclavitud. Pero cien años después debemos aceptar el hecho trágico de que el negro aún no es libre*».

Y añadió: «*Tengo el sueño de que mis cuatro hijos pequeños vivirán un día en una nación donde nadie será juzgado por el color de su piel. ¡Yo tengo un sueño hoy!*». Ese sueño de Luther King en buena parte se ha cumplido en muchos países, aunque aún… ¡queda mucho por hacer! Esto nos puede ayudar a entender un poco mejor lo que hicieron los primeros cristianos, cuando las diferencias sociales, raciales y religiosas eran aún más radicales que hoy.

DIALOGAMOS

¿Cuál es el motivo profundo por el cual todos los seres humanos somos iguales en dignidad con independencia de raza, color, lengua o religión?

En los Evangelios, Jesucristo enseña con la palabra y con el ejemplo que todos los seres humanos somos hijos del mismo Padre que está en los Cielos (Cf. Mateo 5, 45). Esta enseñanza la repite el Maestro divino constantemente y la misma doctrina es repetida por San Pablo numerosas veces. Veamos algunos textos:

Rm 10, 12-15: *En efecto, no hay distinción entre judío y griego, porque uno mismo es el Señor de todos, generoso con todos los que lo invocan, pues todo el que invoque el nombre del Señor será salvo.*

Gálatas 3, 28-29: *Cuantos habéis sido bautizados en Cristo, os habéis revestido de Cristo. No hay judío y griego, esclavo y libre, hombre y mujer, porque todos vosotros sois uno en Cristo Jesús.*

1Corintios 12, 13: *Pues, lo mismo que el cuerpo es uno y tiene muchos miembros, y todos los miembros del cuerpo, a pesar de ser muchos, son un solo cuerpo, así es también Cristo. Pues todos nosotros, judíos y griegos, esclavos y libres, hemos sido bautizados en un mismo Espíritu, para formar un solo cuerpo.*

«Todos vosotros sois uno en Cristo Jesús»

¿Hay igualdad esencial entre todos los seres humanos?

Sí, todos los seres humanos somos esencialmente iguales en dignidad y en nuestros derechos fundamentales por ser imagen de Dios. Sin embargo, el sacramento del Bautismo da a los bautizados una especial unión con Jesucristo. Él es la Vid y nosotros los sarmientos. Formamos un solo Cuerpo con Él, que es nuestra cabeza.

3. ANALIZAMOS EL TEXTO

Qué dice el texto

Los textos que hemos leído insisten en que el Bautismo hace iguales a todos los bautizados, ya sean judíos o gentiles, pues todos los bautizados somos miembros de la Iglesia, hijos de Dios y hermanos.

Esta igual dignidad comprende también a la mujer ya los esclavos, como se ve en la carta de San Pablo a Filemón, interesándose por su esclavo Onésimo.

Este es el cimiento para construir un mundo realmente fraterno y para superar todos los antagonismos que todavía hoy existen en tantas partes.

Qué me dice Jesús a mí

- ¿Te consideras superior a los demás por tus cualidades, por el nivel de vida de tu familia, por tus calificaciones en el estudio, por no ser emigrante?
- ¿Has pensado que tu verdadera dignidad y grandeza consiste en ser hijo de Dios?
- ¿Tienes que cambiar en relación con la estima y aprecio hacia alguna persona?

Qué le puedo decir yo a Jesús

- Que me libre de caer en la soberbia de sentirme por encima de los demás.
- Que me ayude a valorar más, desde hoy, el Bautismo que he recibido o que voy a recibir.
- Que quiero ser más acogedor con los que son de otra nación, raza o cultura.

DIALOGAMOS

¿Qué diferencias se siguen dando en la sociedad actual por motivos de raza, color, lengua o religión? Indica algunos hechos que son muestra de discriminación.

link

Vemos el vídeo "Vida y dignidad de la persona humana".

4. PRIMEROS CRISTIANOS

El sociólogo Rodney Stark, de la Universidad de Washington, ha investigado y escrito sobre los factores humanos que más influyeron en la expansión del cristianismo en los primeros siglos. Entre ellos, destaca los siguientes:

a. **El valor que daban los cristianos a la vida humana.** Las leyes romanas amparaban la práctica de *abandonar* a los niños deformes; era una costumbre habitual aceptada por todas las clases sociales. La postura *pro vida* de los primeros cristianos consta en innumerables testimonios; por ejemplo, la Epístola de Bernabé (a. 130) enseña: *"No matarás a tu hijo en el seno, y una vez nacido no le quitarás la vida"*.

b. **La valoración del matrimonio y de la familia.** El cristianismo calificó al matrimonio como "sacramento grande", y reconoció la misma dignidad al hombre y a la mujer. Así mismo, la familia formada por un hombre y una mujer y abierta a la vida fue la enseñanza que recibían los cristianos en sus catequesis. Esta nueva visión llamó mucho la atención en una sociedad pagana que procuraba frenar la natalidad mediante la práctica del aborto y del infanticidio.

REFLEXIONAMOS

¿Esta actitud ante el matrimonio, la familia y la vida son las normales en la sociedad actual?

¿No deberíamos fijarnos más en aquellos hermanos nuestros para vivir hoy como cristianos valientes y sin complejos en una sociedad contraria a los valores cristianos?

¡TODOS SOMOS HERMANOS!

5. CELEBRAMOS

Hoy vamos concluir nuestro encuentro pidiendo a Jesús por algunas intenciones. El catequista las propone y los demás responden: **Jesús, escúchanos.**

Catequista: *Pidamos que todos los seres humanos (bautizados y no bautizados) se consideren y traten como verdaderos hermanos.*

Todos: *Jesús, escúchanos.*

Catequista: *Para que todos los hombres y mujeres de cualquier país, raza o lengua tengan la misma consideración social y gocen de los mismos derechos.*

Todos: *Jesús, escúchanos.*

Catequista: *Para que los emigrantes y los refugiados no sean considerados inferiores a los demás ciudadanos y reciban una justa ayuda humanitaria.*

Todos: *Jesús, escúchanos.*

Catequista: *Pidamos al Señor que se acaben las guerras entre las naciones, las clases sociales y las diferentes razas.*

Todos: *Jesús, escúchanos.*

Catequista: *Jesús: Tú que, siendo rico te hiciste pobre por nosotros y siendo Dios te hiciste hombre para librarnos del pecado y hacernos hijos de Dios por medio del Bautismo: concédenos tratarnos siempre como hermanos y considerar hermanos a todos los hombres y mujeres del mundo. Tú que vives y reina por los siglos de los siglos.*

Todos: *Amén.*

Esta actividad es para hacerla en familia conjuntamente el padre o la madre con el hijo/a. No es difícil encontrar unos minutos para ayudarles en su formación cristiana.

Leed en familia el apartado 4 de este encuentro y sacad tres conclusiones de la vida de los primeros cristianos que deberían vivirse mejor en la sociedad actual:

1 --

2 --

3 --

Para reflexionar con nuestros padres:

La Religión católica enseña que todos los seres humanos somos esencialmente iguales en dignidad y en nuestros derechos fundamentales por ser imagen de Dios. Siendo esto así:

¿Puede un cristiano considerarse superior a los demás por sus cualidades, por el nivel de vida de su familia, por no ser emigrante?

Leemos en familia

Leemos en familia el capítulo 3 de la Carta de Santiago y hacemos una síntesis de ella en tres frases bien pensadas:

link

Vemos el vídeo **"Vida y dignidad de la persona humana".**

Encuentro 7

Más cristianos y más Iglesia

OBJETIVO: El sacramento de la Confirmación nos une más con Cristo y con la Iglesia.

CATECISMO "Testigos del Señor": tema 29, p. 178–181. Pregunta 98.

1. NOS SITUAMOS

Estamos en Roma a finales del siglo I después de Cristo. En la escuela de los pajes del Emperador hay un alumno que es cristiano. Se llama Alexámenos. Un día, sus compañeros se burlan de él pintando en la pared un crucificado con cabeza de burro y debajo esta inscripción: «Alexámenos adora a su Dios».

Alexámenos, no se acobarda, da la cara, pinta otra imagen igual y escribe debajo: «Alexámenos, fiel». Esos grafiti fueron descubiertos hace unos años en Roma y se conservan en un museo de esa ciudad. En aquellos tiempos paganos y cristianos vivían codo con codo y con alguna frecuencia se repetirían situaciones de este estilo. Tú, si vives como cristiano de verdad, también podrías encontrarte alguna vez con burlas y sonrisas despectivas o ser llamado "retrógrado" y otras lindezas.

DIALOGAMOS

¿Te has encontrado alguna vez con algún tipo de rechazo por vivir de modo consecuente tu fe y tu moral de cristiano?

¿Qué virtudes son más necesarias hoy en un joven o una joven cristianos para ser consecuentes en su conducta?

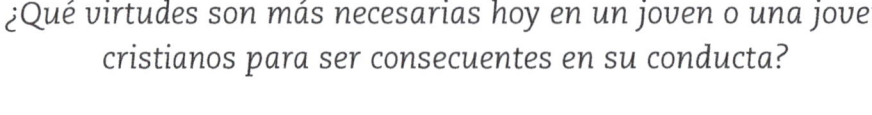

Las persecuciones contra los discípulos de Jesús comenzaron muy pronto. A Pedro y a Juan los encarcelaron a los pocos días de Pentecostés. Las autoridades judías, antes de soltarlos por temor al pueblo, les prohibieron hablar en público de Jesucristo. Estas primeras persecuciones culminan con el brutal martirio de **Esteban (Hechos 7, 51-60).**

Hechos 8, 1; 4-8; 14-17: *Saulo aprobaba su ejecución. Aquel día, se desató una violenta persecución contra la Iglesia de Jerusalén; y todos, menos los apóstoles, se dispersaron por Judea y Samaría.*

Los que habían sido dispersados iban de un lugar a otro anunciando la Buena Nueva de la Palabra. **Felipe** *bajó a la ciudad de Samaría y predicaba a Cristo. El gentío unánimemente escuchaba y veía los signos que hacia Felipe: muchos paralíticos y lisiados se curaban.*

Cuando los apóstoles, que estaban en Jerusalén, se enteraron de que Samaría había recibido la palabra de Dios, enviaron a **Pedro y a Juan**; *ellos bajaron hasta allí y oraron por ellos,* **para que recibieran el Espíritu Santo**; *pues aún no había bajado sobre ninguno;* **estaban solo bautizados en el nombre del Señor Jesús. Entonces les imponían las manos y recibían el Espíritu Santo.**

REFLEXIONAMOS

link

Vemos el vídeo "La confirmación".

Los Apóstoles, que habían recibido el Espíritu Santo el día de Pentecostés para que lo dieran a otros, comunican a los nuevos bautizados, mediante la imposición de las manos, el don del Espíritu Santo de un modo más profundo, fortaleciéndoles para dar testimonio de la fe cristiana (Cf. Compendio del Catecismo, n. 265).

¿A qué sacramento se refiere este texto?
¿Sabes por qué este sacramento se llama así?

3. ANALIZAMOS EL TEXTO

Qué dice el texto

Dice que el diácono **Felipe** bajó a Samaría, predicó, muchos se convirtieron y les bautizó. Pero como no era obispo, **tuvieron que venir Pedro y Juan para imponer las manos a los bautizados y darles el Espíritu Santo con más plenitud**. La Iglesia siempre ha interpretado este relato de los Hechos como **el sacramento de la Confirmación** que sigue al Bautismo y lo perfecciona, introduce más en la Iglesia y comunica con particular fuerza el don del Espíritu Santo.

Qué me dice Jesús a mí

¿Sería coherente dejar de vivir como buen cristiano después de recibir este sacramento que te une más a Mí y a la Iglesia? Cuento contigo para promover "una gran revolución" entre los jóvenes, de modo que hagáis un mundo nuevo en el que haya más fraternidad, más justicia y más caridad.

Qué le puedo decir yo a Jesús

Jesús, cuenta conmigo para hacer esa "revolución de amor, de paz y de justicia". Le puedo pedir que me ayude para no ser cobarde y seguir las inspiraciones del Espíritu Santo, que recibiré con más plenitud en el **sacramento de la Confirmación.**

· **Descubre** los dones del Espíritu Santo ·

El sacramento de la Confirmación otorga y fortalece en el alma los dones del Espíritu Santo. Aquí debajo están escritos esos dones. Son siete.

¿Podrías descubrirlos?

JUSTICIA ENTENDIMIENTO PRUDENCIA FORTALEZA TEMOR DE DIOS CONSEJO CIENCIA CARIDAD FE PAZ SABIDURÍA PIEDAD

4. PRIMEROS CRISTIANOS

LAS ENSEÑANZAS DE LA DIDACHÉ SOBRE EL BAUTISMO

Didaché es una palabra griega que significa "enseñanza. La Didaché es considerada como uno de los documentos más importantes de la Iglesia primitiva; procede de la segunda mitad del siglo I.

Dice la *Didaché*: *Acerca del bautismo, habéis de hacer así:* **bautizad en el nombre del Padre y del Hijo y del Espíritu Santo** *en agua viva [agua corriente] (…);* **derrama agua en la cabeza tres veces en el nombre del Padre y del Hijo y del Espíritu Santo**. *Antes del bautismo, ayunen el bautizante y el bautizando* (Didaché 7,1-4).

¿Y que sabemos del rito primitivo de la Confirmación?

Desde los primeros siglos en la liturgia de las Iglesias de Oriente se hacía una segunda **unción postbautismal**. En la liturgia romana, dicha unción con el **Santo Crisma** se separó del rito del Bautismo y se llamó **Crismación** o **Confirmación** que es el sacramento de la Confirmación que ordinariamente administra el Obispo y, por así decirlo, **"confirma"** y da plenitud a la unción bautismal (Catecismo de la Iglesia, n. 1242).

¿Podríamos ahora hacer un esquema con los efectos de uno y otro sacramento?

BAUTISMO	CONFIRMACIÓN

5. CELEBRAMOS

LA LITURGIA DEL SACRAMENTO DE LA CONFIRMACIÓN

Hoy recordaremos algunas cosas importantes en la liturgia del sacramento de la Confirmación y damos gracias a DIOS Padre, Hijo y Espíritu Santo por este sacramento.

1. Es necesario estar bautizado.

2. También es necesario estar en gracia de Dios.

3. A cada confirmando le acompañan uno o dos padrinos. Lo ideal es que sean los del bautismo, para que se vea la unión que existe entre ambos sacramentos.

4. Lo celebra un obispo o un delegado suyo; así aparece la especial vinculación de este sacramento con la Iglesia.

5. Suele celebrarse dentro de la Misa, para que aparezca la unión de la Confirmación y la Eucaristía.

6. Debería estar presente la comunidad cristiana, aunque ya está representada, de algún modo, por el ministro, los padrinos, los padres, etc.

7. Lo más importante es esto: el obispo unta un dedo de la mano con crisma, coloca esa mano sobre la cabeza y hace una señal de la cruz en la frente del confirmando mientras dice: *X, recibe por esta señal el don del Espíritu Santo*. A lo que responde el confirmado: *Amén*.

8. En este sacramento el Espíritu Santo *"hace progresar a todo el cuerpo de la Iglesia en la unidad y santidad"* (Ritual de la Confirmación, n. 26).

Ahora podemos rezar esta **oración de acción de gracias** y, después, rezamos el Padrenuestro.

Dios Padre todopoderoso: Te damos gracias porque vas a derramar sobre nosotros, hijos tuyos por el bautismo, la plenitud del Espíritu Santo y sus siete dones. Haz que el sacramento de la confirmación nos haga imagen más perfecta de Jesucristo y miembros más activos y responsables de su Iglesia.

R. Amén

Padre nuestro...

Esta actividad es para hacerla en familia conjuntamente el padre o la madre con el hijo/a. No es difícil encontrar unos minutos para ayudarles en su formación cristiana.

KIZITO

Leemos en familia este relato y luego conversamos sobre estos jóvenes y nos fijamos en las virtudes que profesaron hasta su muerte.

Kizito nace en 1872 y es elegido para ser paje del rey de Buganda, actual Uganda. Con este oficio algunos de los mejores jóvenes del reino eran preparados para ser futuros oficiales del ejército.

Kizito conoce la fe cristiana a través de los Padres Blancos, religiosos misioneros, y se convierte en un fiel seguidor de Jesucristo. Uno de los jefes de los pajes reales es Carlos Lwanga, joven de 20 años que es cristiano y cumple bien sus deberes. Enseña a los pajes que han de servir al Rey ejemplarmente, pero que primero hay que ser fieles a Cristo. Kizito tiene 13 años y es de carácter audaz y muy alegre.

En 1885, el rey de Buganda empieza a perseguir cruelmente a los cristianos y algunos mueren por su fe. Carlos Lwanga ve necesario preparar a sus compañeros para el martirio y reza con ellos. Luego les dice: *El Rey nos ha ordenado abandonar nuestra fe y mañana nos lo ordenará por última vez. Entonces seguidme todos y confesad vuestra fe sin miedo alguno. Y ocurra lo que ocurra, no dejéis de rezar.*

Al ver que Kizito tiembla sin poderse controlar, se acerca a él y le conforta: *No te preocupes del futuro, cuando llegue el momento difícil te cogeré de la mano y si tenemos que morir por Jesús, moriremos los dos juntos.* A continuación, decide bautizar a los que aún son catecúmenos, entre ellos está Kizito. La alegría de todos los pajes es muy grande. Al día siguiente, 3 de junio de 1886, Carlos Lwanga, de 20 años, y Kizito, de 13, mueren mártires profesando su fidelidad a Jesucristo.

Carlos, Kizito y otros veinte mártires ugandeses fueron declarados santos en 1964 por el Papa San Pablo VI. El día de su fiesta, 3 de junio, cientos de miles de católicos ugandeses rezan juntos en el lugar donde Kizito y sus compañeros dieron su vida por Jesús.

El Bautismo y la Confirmación nos dan la gracia del Espíritu Santo para ser Testigos de Jesús hasta la muerte.

link Vemos el vídeo "La confirmación".

Encuentro 8
Reunidos cada domingo

🎯 **OBJETIVO:** Vivir el domingo como Día del Señor es imprescindible para ser cristiano.

📙 **CATECISMO** "Testigos del Señor": tema 30, p. 182-185. Preguntas 100-106 y 138.

PRIMERA PARTE

1. NOS SITUAMOS

La piloto italiana **Anna María Tribuna**, se ha convertido en una heroína después de su arriesgada operación para salvar la vida de un centenar de afganos e italianos despegando del aeropuerto de Kabul (Afganistán) en medio de los proyectiles que le dirigían los talibanes. Anna María ha sido aclamada por su coraje y valentía al haber arriesgado su vida para salvar muchas otras vidas. Uno de los pasajeros declaró al finalizar el vuelo: *"Todos los evacuados en el avión debemos la vida a esta valiente piloto italiana"*.

Los chicos y chicas de hoy, que admiran a tantos héroes del mundo real o de ficción, deben saber que Jesús ha hecho por los seres humanos con su Muerte y Resurrección mucho más que esta admirable piloto.

Los cristianos celebramos y recordamos la Muerte y la Resurrección de Cristo cada domingo, palabra que significa "Día del Señor" (*Dominica dies*). El encuentro de hoy servirá para ver de dónde arranca esta costumbre, qué importancia tuvo desde el principio y la que tiene ahora para los cristianos.

DIALOGAMOS

¿Por qué motivos entregó Jesús su vida en la Cruz, libremente, en medio de terribles suplicios?

Después de morir en la Cruz por nosotros, ¿ha hecho algo más? ¿Qué cosas ha hecho?

Hechos 20, 1. 4-12: *Cuando se hubo apaciguado el tumulto, Pablo hizo venir a los discípulos y los animó y, después de despedirse, salió para Macedonia (…).*

Al cabo de unos días nos unimos a ellos en Tróade, donde nos detuvimos siete días.

*El **primer día de la semana**, nos reunimos para la **fracción del pan**; Pablo les estuvo hablando y, como iba a marcharse al día siguiente, prolongó el discurso hasta medianoche. Había lámparas en abundancia en la sala de arriba, donde estábamos reunidos.*

*Un muchacho, de nombre **Eutiquio**, estaba sentado en la ventana. Mientras Pablo alargaba su discurso, al muchacho le iba entrando un sueño cada vez más pesado; al final, vencido por el sueño, se cayó del tercer piso abajo. Lo recogieron ya muerto, pero Pablo bajó, se echó sobre él y, abrazándolo, dijo: «No os alarméis, sigue con vida».*

Volvió a subir, partió el pan y lo comió. Estuvo conversando largamente hasta el alba y, por fin, se marchó. Por lo que hace al muchacho, lo trajeron vivo, con gran consuelo de todos.

La palabra «domingo» significa «Día del Señor»

DIALOGAMOS

¿Por qué se reunieron "el primer día de la semana"?

¿Te parece lógico lo que le sucedió a Eutiquio?

link

Podemos volver a ver el vídeo "La misa de los primeros cristianos".

¡En la Eucaristía está Jesucristo resucitado!

Qué dice el texto

El texto dice que san Pablo, después de marchar de Éfeso por un gran motín que se levantó contra él, se reunió con la comunidad cristiana en Tróade, ciudad próxima a Europa, para la *fracción del pan*, es decir, para celebrar la Eucaristía, pues *'fracción del pan'* es la forma primitiva con la que se llamó a la Eucaristía. La reunión tuvo lugar *el primer día de la semana*, es decir, el domingo, pues la semana concluía el sábado.

'Primer día de la semana' es también la forma primitiva de designar al domingo. La celebración tiene lugar en una casa, pues entonces todavía no había lugares propios para el culto, en el piso de arriba y en una sala bien iluminada. San Pablo tuvo una homilía muy larga y un joven quedó rendido por el sueño y se cayó desde la ventana hasta el suelo, pero se salvó milagrosamente.

Es la primera mención explícita de domingo en el libro de los Hechos. El domingo es, por tanto, de 'origen apostólico', como ha dicho solemnemente el concilio Vaticano II: "La Iglesia, por una tradición apostólica que trae su origen del mismo día de la resurrección de Cristo, celebra el misterio pascual cada ocho días, en el día que es llamado con razón 'día del Señor o domingo'. Ese día los fieles deben reunirse para escuchar la Palabra de Dios y participar en la Eucaristía" (SC 106)

Qué me dice Jesús a mí

Quiero decirte que pienses esto: ¿Celebra el domingo el que pasa toda la noche de juerga y alcohol, se acuesta de madrugada, se levanta a comer y luego va al partido que juega el equipo local y nada más? ¿Piensas que así se puede ser discípulo mío y atraer a otros?

Qué le puedo decir yo a Jesús

Jesús, quiero vivir el domingo como tú quieres: participando en la Misa, ayudando más en casa, visitando algún enfermo o necesitado, descansando con los amigos.

Dile algo más y escríbelo.

4. PRIMEROS CRISTIANOS

El testimonio de San Justino, mártir

Justino fue un filósofo judío del siglo II después de Cristo. Nació en Samaría, próxima a Galilea, la tierra de Jesús. Se hizo cristiano y fue a Roma, donde fundó una escuela de filosofía, en la que él era el maestro. En aquel momento, se calumniaba a los cristianos con las cosas más increíbles. Por ejemplo, decían que eran ateos y que en sus reuniones mataban a niños para ofrecer su sangre a su dios. Justino salió a la plaza de la opinión pública para defender a los cristianos y escribió un libro al emperador Marco Aurelio contando lo que realmente hacían los cristianos en sus reuniones. Gracias a él sabemos dos cosas muy importantes para los cristianos de hoy:

La primera es que *se reunían cada domingo todos cristianos* que vivían en Roma y en sus arrabales para celebrar la eucaristía, que presidía el obispo.

La segunda es que la *celebraban como nosotros lo hacemos ahora*: lecturas de la Sagrada Escritura, homilía, oración de los fieles, plegaria eucarística, comunión y colecta para los necesitados.

Hay otro dato muy importante para nosotros: la eucaristía se celebraba antes del amanecer, porque el domingo (*primer día de la semana*) era día de trabajo.

(Este testimonio está recogido en el Catecismo de la Iglesia Católica, n. 1345)

¡ES FALSO LO QUE DICEN DE LOS CRISTIANOS!

REFLEXIONAMOS

¿Cómo es posible que se haya conservado la estructura esencial de la Misa a lo largo de veinte siglos?

Catequista: Hoy vamos a concluir nuestro encuentro recordando que un domingo sin Misa no es domingo, que ese día es el día en que se reúne la familia de los hijos de Dios para darle gracias al Señor… Y, también, para conocerse, tratarse y ayudar a los que lo necesiten.

Yo haré las peticiones y vosotros diréis: *Jesús, escucha nuestra oración.*

Catequista: Para que todos los cristianos tengan un sacerdote que les celebre la Misa del domingo.

Todos: *Jesús, escucha nuestra oración.*

Catequista: Para que nosotros no dejemos nunca la Misa del domingo.

Todos: *Jesús, escucha nuestra oración.*

Catequista: Para que quienes participemos en la Misa del domingo seamos generosos en la limosna para ayudar a los pobres.

Todos: *Jesús, escucha nuestra oración.*

Catequista: Para que todos los que vamos a la Misa del domingo nos sintamos y tratemos como hermanos.

Todos: *Jesús, escucha nuestra oración.*

Oración final (todos):

Jesús, te damos gracias porque podemos participar cada domingo en la Misa. Haz que en ella sepamos encontrarnos contigo. Tú que vives y reinas por los siglos de los siglos. Amén.

¡UN DOMINGO SIN MISA… NO ES DOMINGO!

Esta actividad es para hacerla en familia conjuntamente el padre o la madre con el hijo/a. No es difícil encontrar unos minutos para ayudarles en su formación cristiana.

MARTIRIO DE LOS MÁRTIRES DE ABITINIA

Leemos en familia:

Podemos recordar, al respecto, lo que el papa Benedicto XVI contaba en una homilía: "Sucedió hacia el año 300 en **Abitinia**, pequeña localidad de la actual Túnez al norte de África. Un día, que era domingo, 49 cristianos de diversas edades, incluso niños, fueron sorprendidos mientras celebraban la **Eucaristía** en la casa de uno de ellos, desafiando las prohibiciones imperiales. Tras ser arrestados, fueron llevados a juicio ante el procónsul **Anulino**.

El procónsul interpeló a uno de esos cristianos, llamado Emérito: «¿Por qué habéis transgredido la severa orden del emperador?»

Emérito respondió: **«Sine dominico non possumus»** (sin reunirnos el domingo para celebrar la Eucaristía no podemos vivir; es decir, nos faltarían las fuerzas para afrontar las dificultades diarias y no sucumbir). Todos asintieron a estas palabras de Emérito y todos (hombres, mujeres y niños) fueron condenados a muerte.

Así, con la efusión de su sangre, aquellos 49 mártires confirmaron su fe y dieron un admirable testimonio cristiano. Murieron, pero vencieron. Ahora nadie recuerda al procónsul Anulino, pero a aquellos mártires sí los recordamos y veneramos en la gloria de Cristo resucitado" (Cf. Benedicto XVI Homilía, Bari, 29-V-05).

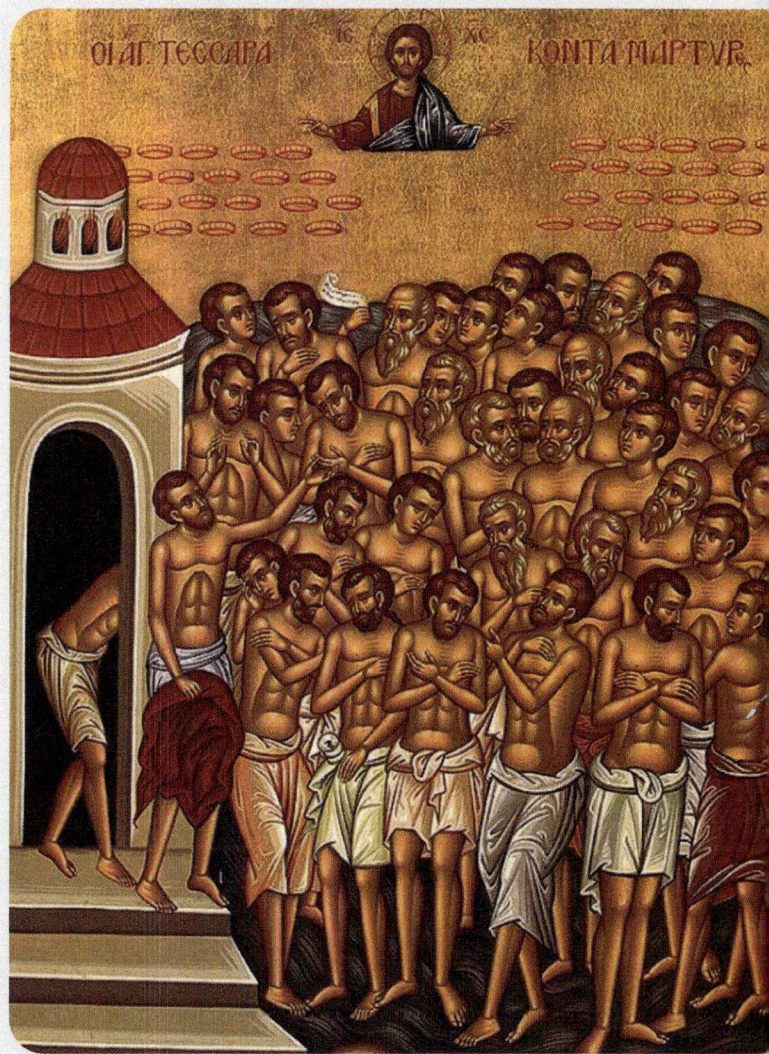

«Sine dominico non possumus»

Reflexión en familia:

1. Con nuestra asistencia a la Misa de cada domingo, ¿qué estamos diciendo a Jesús? Le estamos diciendo:
"Tú eres mi mejor Amigo. Queremos estar este rato contigo porque TÚ has muerto por cada uno de nosotros (por mamá, por papá, por mis hermanos, por mí… y has resucitado; y cada domingo lo queremos celebrar por fe y amor)".

2. Parece que no pasa nada, como cuando a un niño le crecen las piernas y los brazos, **pero cuando vas cada domingo a Misa, poco a poco, tu fe y tu amor a Jesús se van haciendo más fuertes y te vas convirtiendo en un miembro vivo de la Iglesia.** Y lo seguirás siendo cuando seas mayor de edad y hasta tu muerte.

Encuentro 9

Las primeras Iglesias domésticas

OBJETIVO: Descubrir la importancia capital de la familia para la trasmisión de la fe.

CATECISMO "Testigos del Señor": tema 41, p. 232-235. Preguntas 111-112 y 139.

1. NOS SITUAMOS

Haber recibido el Bautismo suponía para los primeros cristianos un cambio radical en su vida. Hombres y mujeres, niños y ancianos, ricos y pobres, sanos y enfermos, se esforzaban a diario por entender la vida como un camino de montaña hacia Cristo, con las consiguientes dificultades de vivir en medio de una sociedad pagana.

Los que habían conocido a Jesucristo y su Evangelio procuraban dar a conocer a sus familiares y amigos ese descubrimiento que llenaba de sentido positivo sus vidas, haciéndose eco del tesoro que habían recibido.

Los primeros cristianos *discernían* qué costumbres eran dignas para una familia cristiana y cuáles no lo eran por contravenir las enseñanza de Jesús como, por ejemplo, eliminar al niño no deseado mediante el aborto o repudiar el marido a su esposa.

DIALOGAMOS

¿Qué significa "discernir"?

Poner algunos ejemplos comunes del uso de este verbo.
Luego, poner algunos ejemplos en el campo de la fe y de la vida moral.

En el **Antiguo Testamento** se encuentran muchos textos referidos a la transmisión de la fe en la familia; por ejemplo este texto, llamado **"Shemá"**, que es la oración más importante del pueblo de Israel:

Deuteronomio 6, 4-9: *¡Escucha, Israel! El Señor es nuestro Dios, Él es Único. ¡Amarás al Señor, tu Dios, con todo tu corazón, con toda tu alma y con todas tus fuerzas! (…) ¡Que estas palabras que te dicto hoy estén siempre en tu corazón! ¡Las repetirás a tus hijos, y hablaras de ellas cuando estés sentado en casa y al ir de camino, al acostarte y al levantarte!*

El **Nuevo Testamento** presenta un panorama parecido, pues deja constancia de familias enteras en las que el padre se convertía a la fe en Jesucristo y los demás seguían sus pasos; veamos algunos ejemplos:

- **Juan 4, 53:** La conversión del funcionario de Cafarnaún: *Creyó él y toda su casa.*

- **Hechos 16, 25-34:** La conversión del carcelero de san Pablo y Silas: *Se bautizaron él y todos los suyos; les hizo subir a su casa, les preparó la mesa y se alegró con toda su familia por haber creído en Dios.*

En las **cartas de san Pablo**, se muestra como las familias convertidas eran focos de fe. Por ejemplo, Pablo, al escribir a Timoteo, alaba su fe y le recuerda: *Esa fe que tuvieron tu abuela Loide y tu madre Eunice, y que estoy seguro que tienes también tú* **(2 Tm 1, 5).**

¡La Biblia es un libro APASIONANTE!

DIALOGAMOS

Comentamos estos textos y hablamos sobre la importancia que tiene que los padres de hoy eduquen en la fe cristiana a sus hijos.

3. ANALIZAMOS EL TEXTO

Vídeo "Bendecid, oh Señor, mi familia".

Qué dice el texto

Con la predicación de los Apóstoles y Pablo familias enteras de judíos y grecorromanos se hicieron cristianas y fueron el núcleo a partir del cual comenzó la historia del cristianismo en cada ciudad. Los textos citados son ejemplos de familias enteras que se hacen cristianas y desde ellas comienza a crecer el número de los discípulos de Jesús. En la carta 2 a Timoteo se dice que este gran discípulo de Pablo conocía las Escrituras desde niño y que habían sido sus maestras su abuela Loide y su madre Eunice.

Aquí tenemos las *primeras Iglesias domésticas*, las *células madre* del cristianismo.

(Se pueden consultar los siguientes textos, en los que se exponen los deberes de los miembros de la familia en los llamados "códigos domésticos", que suponen que hay familias completas que son cristianas: Efesios 5,21-6,9; 1 Pe 2, 18-3,7; y otros que, sin ser "códigos domésticos", responden a la misma realidad: por ejemplo, 1 Tim 5, 1-2; 6, 1-2).

Qué me dice Jesús a mí

- Que debo querer mucho a mis padres, pues me han dado la vida, atienden con dedicación y esfuerzo a mis necesidades, me han facilitado poder estudiar y me han enseñado tantas cosas buenas.
- Que en nuestra vida lo más importante, después de Dios, es nuestra familia.

Qué le puedo decir yo a Jesús

- Que ayude a mis padres para que me eduquen como un buen cristiano.
- Que mis padres comprendan que ser discípulo tuyo es la mejor herencia que pueden trasmitirme.

4. PRIMEROS CRISTIANOS

Un escritor de los primeros siglos se preguntaba: «¿Cómo describiré la felicidad de ese matrimonio que la Iglesia une, que la entrega confirma, que la bendición sella, que los ángeles proclaman, y al que Dios Padre tiene por celebrado?... Ambos esposos son como hermanos, siervos el uno del otro, sin que se dé entre ellos separación alguna, ni en la carne ni en el espíritu. Porque verdaderamente son dos en una sola carne, y donde hay una sola carne debe haber un solo espíritu... Al contemplar esos hogares, Cristo se alegra, y les envía su paz; donde están dos, allí está también El, y donde Él está no puede haber nada malo» (Tertuliano).

San Juan Pablo II en su *"Carta a las familias"* (1994) se refiere a aquellas familias ejemplares de los primeros siglos, verdaderas Iglesias domésticas, con estas palabras: «*Los Padres de la Iglesia, en la tradición cristiana, han hablado de la familia como "Iglesia doméstica", como "pequeña iglesia". Se referían así a la civilización del amor como un posible sistema de vida y de convivencia humana. "Estar juntos" como familia, ser los unos para los otros, crear un ámbito comunitario para la afirmación de cada ser humano como tal*». ¡Qué gran ideal cristiano!

Familias que irradian luz

DIALOGAMOS

Dialogamos sobre el significado de las palabras de Tertuliano y después sobre las de san Juan Pablo II.

Comentamos también cómo los hijos pueden ayudar al buen ambiente y a la felicidad de la vida familiar.

Hoy vamos a terminar nuestro encuentro rezando por nuestros padres, por nuestros hermanos y por nuestros abuelos. Yo hago la petición y vosotros contestáis: *Jesús, escúchanos.*

Catequista: *Para que Jesús bendiga a nuestros padres y les ayude a educarnos como discípulos suyos.*

Todos: *Jesús, escúchanos.*

Catequista: *Para que nuestros padres tengan trabajo y salud para sacar adelante nuestras familias.*

Todos: *Jesús, escúchanos.*

Catequista: *Para que hagamos más felices a nuestros abuelos con detalles de atención y de cariño.*

Todos: *Jesús, escúchanos.*

Ahora levantad la mano sin decir nada los que tengáis algún papá sin trabajo, o enfermo (levantan la mano, si es el caso).

Luego responden: *Jesús, escúchanos*

Levantad la mano los que tengáis algún abuelo enfermo, en el hospital o en una residencia de mayores (levantar la mano, si es el caso).

Luego contestan: *Jesús, escúchanos.*

Catequista: *Jesús, te pedimos que nosotros queramos cada día más a nuestros padres, hermanos y abuelos y les ayudemos en todo lo que podamos.*

Todos: *Amén.*

¡POR LA FAMILIA!

Esta actividad es para hacerla en familia conjuntamente el padre o la madre con el hijo/a. No es difícil encontrar unos minutos para ayudarles en su formación cristiana.

Los primeros cristianos transmitían la fe a sus hijos, mediante la enseñanza de las Escrituras y la práctica de la oración en familia.

Leemos y pensamos cómo aplicar estas bellas y animantes palabras del **Papa Francisco sobre la oración en familia:**

«La oración en familia es un medio privilegiado para expresar y fortalecer la fe. Cada día se pueden encontrar unos minutos para estar unidos ante el Señor vivo, rogar por las necesidades familiares que nos preocupan, orar por alguno que esté pasando un momento difícil, darle gracias por la vida y por las cosas buenas, pedirle a la Virgen que nos proteja con su manto de madre. Ese momento de oración puede hacer muchísimo bien a la familia».

¿Qué expresan estas imágenes?

Rezamos en familia: Sagrada Familia de Nazaret, Jesús, María y José, ayudadnos a crecer bien unidos por el amor a Dios y en la fe que un día recibimos en el sacramento del Bautismo. Amén.

link

Podemos ver el vídeo **"Bendecid, oh Señor, mi familia".**

Encuentro 10

El amor humano y divino

OBJETIVO: Comprender y admirar la virtud de la castidad, el matrimonio y el celibato por amor a Jesucristo.

CATECISMO "Testigos del Señor": tema 42 y 43, p. 236 a 243. Preguntas 140-142 y 148-149.

PRIMERA PARTE

1. NOS SITUAMOS

Hay jardines que son una preciosidad. Quizás tú has visto alguno. Tienen flores de todo tipo: claveles, geranios, alhelies, tulipanes, gladiolos, azucenas, margaritas y rosales con rosas blancas, rojas y amarillas. No sobra ninguna y todas son bonitas. Pero siempre hay alguna que llama más la atención.

La Iglesia es un hermosísimo jardín en el que hay flores de muchas clases: la del matrimonio, la del estado religioso, la del sacerdocio, los misioneros, los padres y madres que gastan su vida para sacar adelante a su familia y tanta gente buena que no conocemos y es muy valorada por Dios. Entre todas esas flores hay una que tiene una belleza especial: **la virginidad**.

En el encuentro de hoy veremos que esta flor existió ya en los comienzos de la Iglesia y que floreció en medio de una sociedad muy degradada moralmente.

DIALOGAMOS

¿Qué flores os gustan más?

¿Sabéis qué es la virginidad?

¿Cuándo tiene la virginidad especial valor a los ojos de Dios?

CONSEJOS DE SAN PABLO

1 Corintios 6, 19-20: *Huid de la fornicación. Cualquier pecado que cometa el hombre queda fuera de su cuerpo. Pero el que fornica peca contra su propio cuerpo. ¿Acaso no sabéis que vuestro cuerpo es templo del Espíritu Santo, que habita en vosotros y habéis recibido de Dios? Y no os pertenecéis, pues habéis sido comprados a buen precio. Por tanto, ¡glorificad a Dios con vuestro cuerpo!*

1 Corintios 6, 9-11: *¿No sabéis que ningún malhechor heredará el reino de Dios? No os hagáis ilusiones: los fornicarios, idólatras, adúlteros, lujuriosos, sodomitas, ladrones, codiciosos, borrachos, difamadores o estafadores no heredarán el reino de Dios. Así erais algunos antes. Pero fuisteis lavados, santificados, justificados en el nombre del Señor Jesucristo y en el Espíritu de nuestro Dios.*

San Pablo exalta el celibato *«por amor al Reino de los cielos»* **(Mateo 19, 11-12)** con estas palabras:

1 Corintios 7, 25 y ss.: *En cuanto a la virginidad, no tengo precepto del Señor, pero os doy un consejo... Yo os quisiera libres de preocupaciones. El no casado se preocupa de las cosas del Señor, de cómo agradar al Señor; el casado se preocupa de las cosas del mundo, de cómo agradar a su mujer, y está dividido (...). Os digo esto para vuestro bien; no para poneros una trampa, sino en atención a lo que es más noble y al trato con el Señor sin preocupaciones.*

> *«Habéis sido comprados a buen precio. Por tanto, ¡glorificad a Dios con vuestro cuerpo!»*

DIALOGAMOS

¿Qué es la fornicación?

¿Qué significa esta frase de San Pablo?: «¿Acaso no sabéis que vuestro cuerpo es templo del Espíritu Santo?»

Qué dice el texto

El **primer texto** de San Pablo enseña que hay que usar rectamente la sexualidad. Tal autodominio es muestra de la inteligencia y de la voluntad libre del ser humano.

El **segundo texto** expone con crudeza los pecados contra la castidad y cómo después de la Redención obrada por Jesucristo estamos llamados a una vida nueva y santa.

El **tercer texto** enseña que estas dos realidades, el sacramento del Matrimonio y la virginidad por el Reino de Dios, vienen del Señor mismo. Es Él quien les da sentido y les concede la gracia indispensable para vivirlos conforme a su voluntad (*cf Mateo 19,3-12*).

Este texto es un canto a la virginidad cristiana, es decir, a quienes ofrecen a Dios su paternidad o maternidad biológica para imitar a Jesucristo y estar más disponibles para entregarse al servicio de los demás. Las vírgenes cristianas de que habla san Pablo eligen ellas este estado y lo hacen para toda la vida. El texto no distingue entre hombres y mujeres, pues desde los orígenes existieron vírgenes de ambos sexos. El mismo san Pablo, al igual que Jesús, era virgen. Hoy se suele llamar célibe a los hombres que viven la virginidad y se reserva el de vírgenes para las mujeres que viven el celibato apostólico. San Pablo no menosprecia el matrimonio, que alaba con fuerza en su carta a los Efesios. Pero considera que es preferible el celibato, si Dios concede este don.

Qué me dice Jesús a mí

- Yo valoro mucho la virtud de la castidad; por eso deseo que respetes tu cuerpo, tus pensamientos, deseos y sensaciones. Todos mis discípulos están llamados a vivir esta virtud, aunque lo hagan de modo distinto los casados y los célibes.
- A veces pido a algunos hombres o mujeres que vivan el celibato. Quizás un día te lo pida a ti.

Qué le puedo decir yo a Jesús

- Que quiero llevar una vida limpia en medio de un mundo frecuentemente manchado por imágenes y conductas contrarios a la virtud de la castidad.
- Ayúdame, Jesús, pues sin tu ayuda nadie puede vivir bien la castidad.
- Que me descubra si mi vocación es el matrimonio o el celibato.

link

Vemos el vídeo "La castidad, una virtud liberadora".

4. PRIMEROS CRISTIANOS

SAN JUSTINO (siglo II) nos enseña que en su tiempo *«existía una multitud incontable de hombres y de mujeres que se han convertido de una vida disoluta y han aprendido esta doctrina, pues no vino Cristo a llamar a penitencia a los justos, ni a los castos, sino a los impíos y pecadores».*

Y en otro texto dice: *«Nosotros o nos casamos desde el principio para la generación de los hijos, o, de renunciar al matrimonio, permanecemos absolutamente castos».*

SAN JUAN CRISÓSTOMO escribe en el siglo IV unas palabras que pueden aplicarse a nuestros días: *«¿Qué queréis que hagamos? ¿Subirnos al monte y hacernos monjes? Cuando me decís eso me dan ganas de llorar, porque pensáis que la* modestia *(el pudor)* y la castidad *son propias solo de monjes. No. Cristo dio unas leyes comunes para todos. Cuando dijo "el que mira a una mujer con deseo" (Mt 5, 28) no se dirigía al monje,* sino al hombre de la calle*. [...] Yo no pongo por ley que os vayáis a los montes y desiertos, sino que seáis buenos, modestos y castos viviendo en medio de las ciudades».*

REFLEXIONAMOS

Reflexionamos sobre la última frase del Crisóstomo: ¿Puede hoy un joven cristiano o una joven cristiana vivir la modestia y la castidad en medio de las ciudades? ¿Qué medios debería poner?

Celebramos la belleza de la virtud de la castidad

La belleza de la castidad, también llamada **pureza**, nos la ha enseñado Jesús con su ejemplo y con su palabra. Él dijo: **«Bienaventurados los limpios de corazón»** **(Mateo 5, 8).**

Tener **limpio el corazón** significa tener el corazón libre de intereses egoístas, de manera que en él haya verdadero amor a Dios y a los demás. Por eso, Jesucristo insistió en que todos los pecados nacen en el corazón del hombre **(Marcos 7, 21).**

El limpio de corazón sabe que su cuerpo es templo del Espíritu Santo y, por tanto, es firme en el deseo de consagrarlo al amor de Dios y del prójimo. **La castidad es la virtud mediante la cual el ser humano ordena las tendencias sexuales según el plan de Dios para el amor humano.** En esto se distingue el ser humano del animal, que es esclavo de sus instintos.

La Virgen María es la criatura más pura que ha existido. Hoy vamos a celebrar la pureza de Santa María con una oración que rezaremos todos juntos. Haríamos bien en aprenderla de memoria para rezarla con frecuencia, como han hecho y hacen tantos cristianos:

> Bendita sea tu pureza
> y eternamente lo sea,
> pues todo un Dios se recrea
> en tan graciosa belleza.
>
> A ti, celestial Princesa,
> Virgen sagrada, María,
> te ofrezco en este día
> alma, vida y corazón,
> mírame con compasión,
> no me dejes Madre mía.

Esta actividad es para hacerla en familia conjuntamente el padre o la madre con el hijo/a. No es difícil encontrar unos minutos para ayudarles en su formación cristiana.

LA VOCACIÓN DE SAN JOSEMARÍA ESCRIVÁ

Las Navidades de 1917-1918 fueron extremadamente frías en Logroño. El termómetro se mantuvo a catorce grados bajo cero durante muchos días. Un día de aquellos, tras una fuerte nevada, sucedió un hecho que cambió el horizonte en la vida del joven Josemaría: vio en la nieve unas huellas que había dejado al pasar un carmelita descalzo. Al ver aquellas huellas, Josemaría experimentó en su alma una profunda sacudida interior que le llevó a preguntarse: *«Otros hacen tantos sacrificios por Dios y yo... ¿No seré capaz de ofrecerle nada?».*

Puede sorprender que un motivo tan pequeño —unas pisadas en la nieve— baste a un adolescente de 15 años para tomar una decisión tan grande: entregar a Dios su vida; pero ese es el lenguaje con el que Dios suele llamar a los hombres y así son las respuestas, los signos de fe, de las almas que buscan sinceramente a Dios. No fue una simple reacción emotiva, fue algo mucho más grande. *«Comencé a barruntar el Amor, a darme cuenta de que el corazón me pedía algo grande y que fuese amor».*

A partir de aquel día, fue creciendo en su alma de forma impetuosa, la necesidad de conocer y tratar más íntimamente a Jesucristo en la oración y en la Eucaristía. Empezó a asistir diariamente a la Santa Misa y después de algún tiempo decidió hacerse sacerdote: le pareció que era el mejor camino para estar enteramente disponible a esa Voluntad de Dios que había intuido: —*«un algo que estaba por encima de mí y en mí»*—y cuyo alcance último aún desconocía.

«otros hacen tantos sacrificios por Dios y yo... ¿No seré capaz de ofrecerle nada?»

link

Vemos el vídeo "La castidad, una virtud liberadora".

Reflexión en familia:

¿Qué sucedió en el alma de Josemaría?
¿Un chico de 15 años puede conocer de un modo profundo lo que Dios pide a su vida?
¿Qué consecuencias podemos sacar de este suceso?

Encuentro 11

Desprendidos de los bienes materiales

🎯 **OBJETIVO:** Ver la importancia de compartir los bienes que poseemos en especial con los que más los necesitan.

📖 **CATECISMO** "Testigos del Señor": tema 44, p. 244-247. Preguntas 143 y 144.

PRIMERA PARTE

1. NOS SITUAMOS

Estamos en el verano de 2013. Chris y Regina se encuentran a bordo de un lujoso yate en el Mediterráneo. De pronto, Regina ve un objeto rojo que flota sobre las aguas y pregunta al capitán: «¿Qué es eso?». El capitán responde: «*El chaleco de un emigrante que se ahogó antes*

de llegar a la costa». Regina mira a su esposo sin decirle una palabra, pero no la necesita, porque él ha adivinado lo que piensa. Y lo que piensa es que hay que cambiar de vida y entregarla a los demás.

Efectivamente, aquel día este matrimonio norteamericano, católico, decidió emplear todo su dinero en fundar una ONG para rescatar a los emigrantes que se arriesgan a cruzar el Mediterráneo. Han salvado ya muchas vidas y se sienten felices.

Hoy veremos que los primeros cristianos vivieron así: desprendidos de los bienes materiales que los veían como un fin en sí mismos sino como un medio para ayudar a los demás.

DIALOGAMOS

¿Has oído hablar de Caritas? ¿Y de Manos unidas? ¿Y del Banco de Alimentos?

Podemos hablar con el catequista de la ayuda que prestan esas instituciones a millones de personas necesitadas gracias a sus voluntarios.

NECESITADOS

ALEGRÍA

Los siguientes textos son de los Hechos de los Apóstoles y nos relatan cómo vivían el **desprendimiento** los primeros cristianos.

Hechos 4, 32.34-37: *El grupo de los creyentes tenía un solo corazón y una sola alma: nadie llamaba suyo propio nada de lo que tenía, pues lo poseían todo en común. Entre ellos no había necesitados, pues los que poseían tierras o casas las vendían, traían el dinero de lo vendido y lo ponían a los pies de los apóstoles; luego se distribuía a cada uno según lo que necesitaba. José, a quien los apóstoles apellidaron Bernabé, que significa "hijo de la consolación", que era levita y natural de Chipre, tenía un campo y lo vendió; llevó el dinero y lo puso a los pies de los apóstoles.*

Hechos 5, 1-6; leer también los vv.7-11: *Pero un hombre llamado Ananías, de acuerdo con Safira, su mujer, vendió una propiedad y se quedó con una parte del precio, sabiéndolo su mujer; después llevó el resto y lo puso a los pies de los apóstoles. Pero Pedro le dijo: «Ananías, ¿cómo es que Satanás se ha adueñado de tu corazón para que mientas al Espíritu Santo y retengas parte del precio de la propiedad? ¿Es que no la podías retener cuando la tenías? Y, una vez vendida, ¿no eras dueño legítimo del precio? ¿Por qué has puesto en tu corazón esta decisión? No has engañado a hombres, sino a Dios». Al oír Ananías estas palabras, se desplomó y expiró. Y se extendió un gran temor entre todos los que lo oían contar. Aparecieron unos jóvenes que lo envolvieron en lienzos y lo llevaron a enterrar.*

DONAR

CARIDAD

REGALAR

DIALOGAMOS

Algunos a partir del primer texto (Hechos 4, 32-37) concluían que los primeros cristianos vivían una especie de "comunismo"; pero no es así, pues el segundo texto (Hechos 5, 1-6) muestra que podían disponer libremente de sus propiedades privadas. Lo importante es preguntarnos: ¿Con qué espíritu vivían la posesión de sus bienes?

Qué dice el texto

El texto dice que los primeros cristianos **compartían con los demás lo que tenían**. Era un desprendimiento efectivo, real, de los bienes para ayudar a los necesitados. Luego describe dos ejemplos: uno de generosidad (Bernabé) y otro de avaricia y engaño (Ananías y Safira).

El modo de compartir los bienes era diverso: vender posesiones y distribuir el producto con los pobres (*Hch 4, 36-37*), dar limosna (*Hch 9, 36*) y Cornelio (*Hch 10,2*), hacer una colecta (*los cristianos de Antioquía a favor de los de Judea: Hch 11,29*), preocuparse por los necesitados (*Hch 4, 34-35*), concretamente por las viudas (*Hch 6,1-7*).

San Pablo alentaba a los cristianos de las comunidades que había fundado a dar limosnas para los necesitados de Jerusalén (*Rom 15,25-31; 1 Co 16,1-4; 2 Co 8-9; Ga 2,10; Hch 24,17*) y, de hecho, recogió una importante cantidad.

Dar de mi tiempo
Dar de mi cariño
Dar de lo que tengo

Qué me dice Jesús a mí

Te invito a que pienses estas tres cosas:
1. ¿Comparto lo que tengo con mis hermanos y compañeros?
2. ¿Doy parte de mis ahorros y "propinas" a los pobres?
3. ¿Acompaño a los que están solos o enfermos?

Qué le puedo decir yo a Jesús

- Puedes decirle que te ayude a no ser egoísta sino generoso con tus cosas, con tu tiempo y con tus habilidades.
- También puedes decirle que te gustaría acabar con el hambre de los niños en todo el mundo.

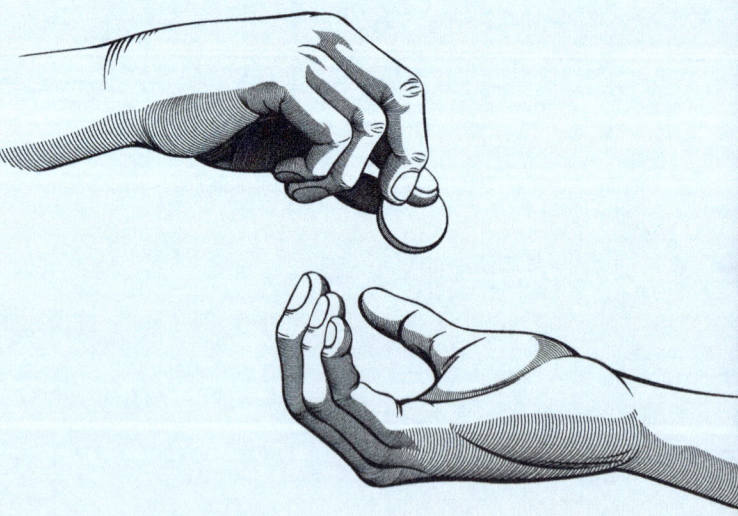

REFLEXIONAMOS

Nos informamos sobre algunas iniciativas ejemplares que llevan a cabo otros cristianos (las ya mencionadas –Caritas, etc.–) y otras en favor de diferentes carencias y necesidades.

4. PRIMEROS CRISTIANOS

Tertuliano –un escritor de los primeros siglos– explicaba cómo se amaban los primeros cristianos, que con frecuencia despertaban la admiración de los demás: «Mirad como se aman».

El desprendimiento que vivían los primeros cristianos se expresaba en la sobriedad de sus vidas que contrastaban con la sociedad pagana de entonces, pródiga en toda clase de excesos. Otro escritor cristiano de la antigüedad llamado Minucio Félix, explicaba así a los paganos el significado de la austeridad cristiana:

«Dícese de la mayor parte de nosotros que somos pobres. Pero eso no es un oprobio, sino más bien constituye nuestra gloria, pues el espíritu se rebaja con el lujo y se robustece con la frugalidad. Por otra parte, ¿puede ser pobre quien nada necesita? ¿quien no anhela los bienes ajenos? ¿quien es rico a los ojos de Dios? Así como el viajero camina más a gusto cuando va menos cargado, de igual modo, en esta carrera de la vida es más feliz el pobre libre de embarazos, que el rico agobiado por el peso de sus riquezas».

REFLEXIONAMOS

Jesús dijo: «Bienaventurados los pobres de espíritu» (Mateo 5, 2). ¿En qué consiste la verdadera pobreza?

¿Por qué una vida austera fortalece el espíritu y una vida de lujo lo puede debilitar?

Una Jornada dedicada a los pobres

La Iglesia celebra una Jornada especial dedicada a los pobres. Fue creada por el papa Francisco el 13 de junio de 2017 y estableció que se celebrara el domingo anterior al domingo de Jesucristo, Rey del Universo, al final del año litúrgico.

Esta Jornada pretende «en todo el mundo las comunidades cristianas se conviertan cada vez más y mejor en signo concreto del amor de Cristo por los últimos y más necesitados». Por ello, invita «a toda la Iglesia y a los hombres y mujeres de buena voluntad a mantener, en esta jornada, la mirada fija en quienes tienden sus manos clamando ayuda y pidiendo nuestra solidaridad» (Mensaje del papa, del 13 de junio de 2017).

En respuesta a estos deseos del Papa, terminamos nuestro encuentro con una sencilla oración, que vamos a decir con todo nuestro corazón:

*Señor Jesús: Ayúdanos a cambiar
nuestro corazón para que miremos el mundo
y a los demás con tus ojos.
Cura nuestra ceguera que nos impide ver
el dolor y el sufrimiento de quienes caminan
a nuestro lado.
Ayúdanos a conmovernos ante el sufrimiento de
los demás y acudir en ayuda
de los más necesitados con un corazón
compasivo como el tuyo,
para hacer posible, ya aquí en la tierra,
un anticipo del mundo nuevo
que esperamos en el Cielo.
Amén.*

link

Vemos el vídeo
"Comiendo pastelillos con Dios".

Esta actividad es para hacerla en familia conjuntamente el padre o la madre con el hijo/a. No es difícil encontrar unos minutos para ayudarles en su formación cristiana.

Leemos juntos el Evangelio

En la Última Cena, Jesús nos dijo a todos los cristianos:

«Un mandamiento nuevo os doy: que os améis los unos a los otros como Yo os he amado. En esto conocerán todos que sois mis discípulos, si os tenéis amor unos a otros»

(Juan 13, 34-35)

Aplicación práctica

¿Qué ocasiones se nos presentan en la vida familiar para vivir la caridad con los demás? Lo pensamos en silencio un minuto y lo hablamos. Luego escribimos aquí:

- Una cosa nueva que van a hacer los padres por los hijos en nuestra familia:

- Una cosa que van a hacer los hijos para ayudar a sus padres en esta casa:

Reflexionamos

¿Tenemos en la familia o entre nuestros amigos y conocidos algunas personas que están pasando especial necesidad por soledad, enfermedad, etc.?

- Lo pensamos bien y escribimos los nombres de esas personas:

- Y lo que vamos a hacer para ayudar al menos a una de ellas:

Oración final

Sagrada Familia de Nazaret: te pedimos que nos ayudes a vivir muy bien la caridad y la solidaridad en nuestra familia, ayudándonos los unos a los otros, y a personas cercanas que sufren especial necesidad. Amén

Vemos el vídeo de la página 70.

Encuentro 12
Pecadores y perdonados

🎯 **OBJETIVO:** Todos necesitamos acudir al sacramento de la Penitencia porque todos somos pecadores.

📙 **CATECISMO** "Testigos del Señor": tema 31, p. 186-189. Preguntas 99.

PRIMERA PARTE

1. NOS SITUAMOS

—Sí, sí, muchos avances técnicos, pero los hombres y mujeres de hoy siguen naciendo tan débiles y necesitados como los de hace cien años —le comentaba David a su amigo Iván después de una clase de Ciencias.

—No sé cómo dices eso, cuando es evidente el avance de la medicina y de la alimentación; y también que la gente de hoy vive muchos más años que la de entonces —replicó Iván.

—Es verdad lo que dices, pero también lo es lo que he dicho yo.

—Pues tendrás que aclararte, porque no te entiendo.

Entonces, David, muy seguro de sí, se puso a explicarlo. «Mira: tú hablas del cuerpo y yo del alma. La enfermedad a que me refiero es el pecado original. El Bautismo, ciertamente, perdona ese pecado y quien lo recibe nace a la vida de hijo de Dios. Pero el Bautismo no es como una vacuna milagrosa que nos inmuniza para toda la vida. Estamos curados de aquel mal, pero seguimos de por vida con la inclinación al mal uso de nuestra libertad. Y así seremos siempre los cristianos: pecadores que luchan por Amor contra sus defectos y debilidades morales».

DIALOGAMOS

Los avances de la ciencia y los adelantos tecnológicos más modernos, ¿han mejorado la conducta moral de los seres humanos? ¿Cómo se puede explicar este hecho?

La Sagrada Escritura nos habla en diferentes textos de la realidad del pecado y del perdón de los pecados:

Juan 20, 19-23: *Al anochecer de aquel día, el primero de la semana, estaban los discípulos en una casa, con las puertas cerradas por miedo a los judíos. Y en esto entró Jesús, se puso en medio y les dijo: «Paz a vosotros». Y, diciendo esto, les enseñó las manos y el costado. Y los discípulos se llenaron de alegría al ver al Señor. Jesús repitió: «Paz a vosotros. Como el Padre me ha enviado, así también os envío yo». Y, dicho esto, sopló sobre ellos y les dijo: «Recibid el Espíritu Santo; a quienes les perdonéis los pecados, les quedan perdonados; a quienes se los retengáis, les quedan retenidos».*

1 Juan 1, 8-9: *Si decimos que no hemos pecado, nos engañamos y la verdad no está en nosotros. Pero, si confesamos nuestros pecados, Él, que es fiel y justo, nos perdonará los pecados y nos limpiará de toda injusticia.*

Si decimos que no hemos pecado, lo hacemos mentiroso y su palabra no está en nosotros.

1 Juan 2, 1-2: *Hijos míos, os escribo esto para que no pequéis. Pero, si alguno peca, tenemos a Uno que abogue ante el Padre: a Jesucristo, el Justo. Él es víctima de propiciación por nuestros pecados, no solo por los nuestros, sino también por los del mundo entero.*

«A quienes les perdonéis los pecados, les quedan perdonados; a quienes se los retengáis, les quedan retenidos»

DIALOGAMOS

¿Recuerdas algunas escenas de los evangelios en las que Jesús acoge y perdona a pecadores?

Qué dice el texto

En el texto de su *Evangelio*, Juan habla claramente de la aparición de Jesús a los apóstoles y recoge sus palabras instituyendo **el sacramento de la Penitencia** y otorgando el poder de perdonar los pecados a los apóstoles y a sus sucesores.

San Juan dice en su *Carta* que todos tenemos necesidad de ser perdonados, porque todos somos pecadores. Frente a algunos herejes de entonces, que decían que ellos no eran pecadores, afirma que los que piensan así no están guiados por la verdad sino que son víctimas de su engaño. En lugar de negar los pecados, hay que reconocerlos y confesarlos.

Muchos exégetas enseñan que Juan se refiere en este texto a la *práctica de la confesión sacramental*, pues san Juan era bien consciente de que Jesús resucitado había conferido a los apóstoles el poder de perdonar los pecados.

San Juan dice después que tenemos que *tener confianza a pesar de ser pecadores, porque Jesucristo intercede ante el Padre por todos* los que murió en la cruz, es decir, por todos los pecadores de todos los tiempos.

Qué me dice Jesús a mí

- Yo te perdono siempre y te lo perdono todo. Basta que me pidas perdón y te confieses con un sacerdote.
- No te canses de pedirme perdón, porque yo no me canso de perdonarte.
- ¿Cómo no voy a ayudarte a evitar el pecado si he muerto por ti?

Qué le puedo decir yo a Jesús

- Muchísimas gracias, Jesús, por perdonarme siempre que me confieso.
- Te pido que no me deje engañar por el demonio, que me hace sentir vergüenza y temor para que no me confiese.

Te pido perdón, Jesús, por...

link vídeo Vemos el vídeo "Los 7 sacramentos". Parte 2: La reconciliación

4. PRIMEROS CRISTIANOS

EL CATECUMENADO DE LOS PRIMEROS SIGLOS

En los orígenes de la Iglesia, cuando el anuncio del Evangelio estaba aún en sus primeros tiempos, el **catecumenado** (preparación para el Bautismo) ocupaba entonces un lugar muy importante. El catecumenado tenía por finalidad permitir a los catecúmenos alcanzar la madurez de su conversión y de su fe por medio de un largo itinerario de preparación y aprendizaje.

Esta adhesión a la fe cristiana conllevaba en la Iglesia de los primeros siglos (y ahora en nuestro tiempo) una decisión firme de vivir la "vida nueva" recibida en el Bautismo. «*Sin embargo, esa vida nueva recibida por la gracia bautismal no suprimió la fragilidad y la debilidad de la naturaleza humana ni la inclinación al pecado, que la tradición llama* **concupiscencia**, *y que permanece en los bautizados a fin de que sirva de prueba en ellos en el combate de la vida cristiana ayudados por la gracia de Dios. Es la lucha de la* **conversión** *con miras a la santidad y la vida eterna a la que el Señor no cesa de llamarnos*» (Catecismo de la Iglesia Católica, n. 1426).

El sacramento de la Penitencia nos lo ha ofrecido Jesucristo como una "segunda tabla de salvación", pues los cristianos necesitamos una purificación constante a lo largo de la vida. Este esfuerzo de conversión no es sólo una obra humana, pues sin la ayuda de la gracia y de la misericordia de Dios no podríamos alcanzar el perdón de nuestros pecados.

Te perdono de todos tus pecados

REFLEXIONAMOS

¿En qué consistía el catecumenado primitivo y cuál era su finalidad?

¿Qué diferencias hay entre el catecumenado de los primeros siglos, el catecumenado actual y la "catequesis de orientación catecumenal"?

Rito del Sacramento de la Penitencia o de la Reconciliación

La confesión individual y sincera de aquellos pecados o faltas cometidas que recuerde el penitente seguida de la absolución, es el modo ordinario de impartir el sacramento de la Penitencia. También puede celebrarse en el marco de una *celebración comunitaria* (lectura de la Palabra de Dios, etc.) seguida de la confesión personal de los pecados y la absolución individual por el sacerdote.

El rito se compone de los siguientes pasos:

Acogida del penitente **1**

Con la jaculatoria *"Ave María purísima"* y la respuesta *"Sin pecado concebida"*.

Lectura de la Palabra de Dios **2**

El sacerdote puede decir una frase del Evangelio.

Confesión de los pecados del penitente **3**

El penitente dice cuándo fue su última confesión y luego expone sus pecados hablando con sencillez, humildad y sinceridad.

Consejos del sacerdote **4**

El sacerdote aconseja, orienta y anima al penitente a perseverar con la ayuda de Dios en su lucha cristiana.

5 **Dolor de los pecados y propósito de la enmienda**

Una fórmula breve puede ser: *"Señor Jesús, hijo de Dios, ten piedad de mí, que soy un pecador"*. El sacerdote propone una penitencia al penitente.

6 **Absolución sacramental por parte del confesor**

La parte más importante del rito de absolución dice: *"Yo te absuelvo de tus pecados en el nombre del Padre y del Hijo y del Espíritu Santo"*. El penitente contesta: **Amén.**

7 **Alabanza a Dios y despedida**

Salimos felices dispuestos a proclamar la misericordia de Dios.

Catequista: *Oh Dios que reconciliaste contigo a los hombres por la muerte y resurrección de tu Hijo Jesucristo y enviaste sobre los apóstoles al Espíritu Santo para que perdonasen los pecados. Te damos gracias por este inmenso don y te pedimos que nos ayudes a practicarlo. Por Jesucristo nuestro Señor. R. Amen.*

Esta actividad es para hacerla en familia conjuntamente el padre o la madre con el hijo/a. No es difícil encontrar unos minutos para ayudarles en su formación cristiana.

Examen de conciencia

(En silencio, para preparar la próxima Confesión)

Hace unos años el papa Francisco obsequió a los fieles en la Plaza de San Pedro un folleto especial. Entre otras cosas, contiene un examen de conciencia de 30 preguntas para hacer una buena confesión. Se proponen para compartirlo en familia:

En relación con Dios

- ¿Comienzo y termino mi jornada con alguna oración?
- ¿Participo regularmente en la Misa los domingos y días de fiesta?
- ¿Uso en vano el nombre de Dios, de la Virgen, de los santos?
- ¿Me he avergonzado de manifestarme como católico?
- ¿Qué hago para crecer espiritualmente, cómo lo hago, cuándo lo hago?
- ¿Me revelo contra los designios de Dios? ¿Pretendo que Él haga mi voluntad?

En relación con el prójimo

- ¿Sé perdonar, tengo comprensión, ayudo a mi prójimo?
- ¿Juzgo sin piedad tanto de pensamiento como con palabras?
- ¿He calumniado, robado, despreciado a los humildes y a los indefensos?
- ¿Soy envidioso, colérico, o parcial? (…)
- ¿Me preocupo de los pobres y de los enfermos?
- ¿Soy honesto y justo con todos?
- ¿Incito a otros a hacer el mal? ¿Observo la moral conyugal y familiar enseñada por el Evangelio?
- ¿Cómo cumplo mi responsabilidad de la educación de mis hijos?
- ¿Honro a mis padres?
- ¿He rechazado la vida recién concebida?

- ¿He colaborado a hacerlo?
- ¿Respeto el medio ambiente?

En relación a mí mismo

- ¿Ofrezco al Señor mi trabajo de cada día?
- ¿Soy mundano y poco creyente?
- ¿Como, bebo, fumo o me divierto en exceso?
- ¿Me preocupo demasiado de mi salud física, de mis bienes?
- ¿Cómo utilizo mi tiempo? ¿Soy perezoso? ¿Me gusta ser servido?
- ¿Amo y cultivo la pureza de corazón, de pensamientos, de acciones?
- ¿Alimento venganzas y rencores?
- ¿Soy misericordioso, humilde, y constructor de paz?

link

Vemos el vídeo "Los 7 sacramentos".
Parte 2: La reconciliación

Encuentro 13

Glorificad a Dios en el mundo

OBJETIVO: Los primeros cristianos daban gloria a Dios en medio de un mundo pagano y le dieron la vuelta.

CATECISMO "Testigos del Señor": repaso del tema 29, p. 178-181. Pregunta 98.

PRIMERA PARTE

1. NOS SITUAMOS

Chuan, profesor universitario de Taipei, se confesaba agnóstico. Había hecho amistad con un misionero europeo, llamado Rob, pues ambos eran muy aficionados al *running* y salían juntos a correr. Un día Rob invitó a Chuan a conocer su país en Europa. Este aceptó, pero poco antes del viaje alegó que había surgido una dificultad insalvable. Al año siguiente, Rob repitió la invitación y en esta ocasión Chuan aceptó. En el vuelo de regreso a Taiwan, Chuan confesó al misionero que había consultado al adivino que le había facilitado buenos pronósticos para el viaje, mientras que el año anterior le había anunciado grandes desgracias.

Actualmente, muchos reaccionan como Chuan; se califican a sí mismos de agnósticos o de ateos, pero se fían de horóscopos, echadores de cartas, amuletos, adivinos y un largo etc. En el encuentro de hoy, descubriremos que los primeros cristianos vivieron en un mundo plagado de prácticas idolátricas y cuál fue su modo de enfocar estas cosas.

DIALOGAMOS

¿Conoces en qué consisten este tipo de prácticas?

¿Sabes lo que es la superstición? ¿Y las prácticas de adivinación?

¿Sabrías razonar por qué estas prácticas son incompatibles con la fe cristiana?

PABLO Y BERNABÉ SON TOMADOS POR DIOSES

Hechos 14, 8-15: *Había en Listra, un hombre impedido de los pies; cojo desde el seno de su madre, nunca había podido andar. Estaba escuchando las palabras de Pablo, y este, fijando en él la vista y viendo que tenía una fe capaz de obtener la salud, le dijo en voz alta: «Levántate, ponte derecho sobre tus pies». El hombre dio un salto y echó a andar.*

Al ver lo que Pablo había hecho, el gentío exclamó en la lengua de Licaonia: «Los dioses en figura de hombres han bajado a visitarnos». A Bernabé lo llamaban Zeus, y a Pablo, Hermes, porque era el encargado de hablar. El sacerdote del templo de Zeus que estaba a la entrada de la ciudad trajo a las puertas toros y guirnaldas y, con la gente, quería ofrecerles un sacrificio.

Al oírlo, los apóstoles Bernabé y Pablo se rasgaron el manto e irrumpieron en medio del gentío, gritando y diciendo: «Hombres, ¿qué hacéis? También nosotros somos humanos de vuestra misma condición; os anunciamos esta Buena Noticia: que dejéis los **ídolos vanos y os convirtáis al Dios vivo** que hizo el cielo, la tierra y el mar y todo lo que contienen».

«Dejad los ídolos vanos y convertíos al Dios vivo»

Comentamos esta frase de Orígenes, filósofo y teólogo cristiano de los primeros siglos: "El idólatra es el que aplica a cualquier cosa, en lugar de a Dios, la indestructible noción de Dios" (Orígenes, Contra Celsum, 2, 40).

¿Hay realidades en el mundo de hoy que son como "ídolos" para algunas personas? ¿Podrías señalar algunas?

3. ANALIZAMOS EL TEXTO

Qué dice el texto

Los dos textos se refieren a la **idolatría** que reinaba en el mundo pagano. El primero, describe la situación general de Atenas; el segundo es un caso concreto.

Atenas había sido un foco eminente de cultura, ciencia, arte y religión pagana. En tiempos de san Pablo, a pesar de su decadencia, todavía toda la ciudad estaba llena de templos, altares y estatuas de los dioses griegos, de tal modo que salir de casa no era un simple salir a la calle sino entrar en el recinto de un templo pagano. Es lo que le ocurrió a san Pablo, como dice el texto: vio que «*la ciudad estaba llena de ídolos*», es decir, de dioses falsos.

Cuando san Pablo realizó el milagro en Listra, creyeron que él era Hermes y que Bernabé era Zeus, dos de los dioses más venerados del Olimpo. Por eso querían ofrecerles un sacrificio como culto idolátrico. Pero San Pablo y Bernabé se opusieron tajantemente.

REFLEXIONAMOS

¿Qué medios puede poner un chico o una chica de tu edad para prevenir caer en las nuevas idolatrías? ¿Y para salir de ellas cuando le tienen atrapado? ¿Cómo conseguiríamos los cristiano "dar la vuelta" al mundo de hoy?

Qué me dice Jesús a mí

Hoy ha regresado el paganismo, pues se coloca por encima de Mí a falsos dioses. Por ejemplo, hay bautizados que se han olvidado de Mí y dan culto a la belleza corporal, al placer sexual, a las drogas, incluso al deporte... ¿Te animas a seguir el ejemplo de los primeros cristianos y ponerme a Mí en la cumbre de todos tus proyectos y aspiraciones?

Qué le puedo decir yo a Jesús

Que cuente conmigo, pero que me ayude para valorar todas las cosas buenas que él ha creado y ponerlas a su servicio y al de los demás. Y le digo: «*Jesús, ayúdame a ser fuerte para renunciar a los "ídolos" de este mundo*» y entender que solo a Ti se te debe rendir toda la gloria.

4. PRIMEROS CRISTIANOS

Los espectáculos paganos del Circo

San Agustín cuenta en el libro de sus *Confesiones* la amistad entrañable que tenía con Alipio, un joven pagano interesado por la filosofía. Alipio era muy aficionado a los espectáculos del Circo y acudía con frecuencia a disfrutar de las luchas entre gladiadores. Agustín cuenta cómo Alipio fue conociendo la fe cristiana, se hizo catecúmeno y al cabo de un tiempo recibió el sacramento del Bautismo. Desde ese momento se comprometió a no asistir a los espectáculos paganos del Circo.

Algún tiempo después, sus amigos le insistían, un día y otro, para que les acompañara y disfrutase con ellos como hacía antes. Al principio, Alipio se negó, pero los amigos siguieron insistiendo y, por fin, un día Alipio cedió y fue con ellos al Circo, asegurándoles que ya, como cristiano, no sentía ningún atractivo hacia aquellas peleas sangrientas: acudiría con ellos, pero sin mirar en ningún momento a la arena. Sucedió que, una vez comenzado el espectáculo, al escuchar los gritos de la multitud, fue incapaz de no mirar y clavó los ojos en la arena cuando un gladiador clavaba su espada en el corazón de su adversario en medio del entusiasmo del público. Alipio ya no pudo dejar de mirar y de gritar como el resto de la plebe.

REFLEXIONAMOS

¿Te parece que en la sociedad de hoy hay lugares que no son propios para un cristiano? ¿Puedes indicar algunos?

¿Qué debe hacer un joven cristiano si sus amigos le presionan para que vaya con ellos a un plan que le pondría en ocasión próxima de ofender a Dios?

Recitamos el "Gloria" de la Misa

Gloria a Dios en el cielo,
y en la tierra paz a los hombres
que ama el Señor.
Por tu inmensa gloria te alabamos,
te bendecimos, te adoramos,
te glorificamos, te damos gracias,
Señor Dios, Rey celestial,
Dios Padre todopoderoso Señor,
Hijo único, Jesucristo.
Señor Dios, Cordero de Dios, Hijo del Padre;

tú que quitas el pecado del mundo,
ten piedad de nosotros;
tú que quitas el pecado del mundo,
atiende nuestra súplica;
tú que estás sentado a la derecha del Padre,
ten piedad de nosotros;
porque sólo tú eres Santo,
sólo tú Señor, sólo tú Altísimo, Jesucristo,
con el Espíritu Santo en la gloria de Dios
Padre. Amén.

Oración del tiempo de Témporas de Acción de Gracias

*Señor, te damos gracias, de todo corazón,
porque eres bueno; porque eres Padre;
porque tienes entrañas de piedad y de
misericordia; porque nos das el agua y la
sed, el hambre y el pan, el trabajo duro
y la cosecha que lo premia, la gracia de
ser leales y el perdón cuando no lo somos.
Quédate siempre con nosotros y déjanos
sentir tu presencia.
Amén.*

link

Vídeo:
"Cantemos al Amor de los amores".

Esta actividad es para hacerla en familia conjuntamente el padre o la madre con el hijo/a. No es difícil encontrar unos minutos para ayudarles en su formación cristiana.

"¡Señor, para ti toda la gloria!"

Vemos el vídeo de la página 82.

Observamos el dibujo y dialogamos en familia:

¿Qué representa el dibujo?

¿En qué época se hacían construcciones de esta manera?

Hablamos de algunas catedrales que conocemos. Contamos algo que nos haya impresionado o gustado especialmente de cada una de ellas.

¿Para qué se construían las catedrales en la Edad Media? ¿Cuáles eran sus fines?

¿Qué sentimientos tendrían en el corazón aquellos artistas y canteros?

¿Cómo hacían su trabajo? ¿Por qué lo hacían tan bien?

¿Qué cualidades debería tener el trabajo de cada uno de nosotros para que fuera agradable a Dios y le diera gloria?

Encuentro 14

Misioneros ayer, hoy, siempre

🎯 **OBJETIVO:** Comprender que la vocación cristiana es, por su misma naturaleza, vocación al apostolado.

📔 **CATECISMO** "Testigos del Señor": tema 50, p. 270 a 273. Pregunta 80 y 81.

PRIMERA PARTE

1. NOS SITUAMOS

Hace ya casi medio siglo, el Papa Juan Pablo II tuvo la buena idea de crear las **Jornadas Mundiales de la Juventud**. Desde entonces, se han celebrado cada dos o tres años en lugares tan diversos como Argentina, Estados Unidos, Polonia, México, Italia, Alemania, España, Filipinas, etc.

La última Jornada Mundial de la Juventud celebrada en España tuvo lugar en Madrid en agosto de 2011, teniendo como protagonista al papa Benedicto XVI que reunió a 1,5 millones de peregrinos, la mayoría de ellos chicos y chicas jóvenes llegados de todos los rincones de la península y muchos millares de más de cincuenta países.

En los diversos encuentros con el Papa, los jóvenes corearon el eslogan: «¡Esta es la juventud del Papa!», un cántico que sonó por todos los rincones de la capital durante esos días. El Santo Padre animó a los jóvenes a no dejarse intimidar «por un entorno que pretende excluir a Dios» y a ser «auténticos misioneros y testigos de Cristo en el lugar y ambiente donde cada uno se encuentre».

DIALOGAMOS

¿Qué mueve a tantos miles de chicos y chicas jóvenes a asistir a las JMJ junto al Santo Padre?

Jesús, al despedirse de sus discípulos, les dijo: «*Id a todo el mundo y proclamad el Evangelio a toda la creación*» (**Marcos 16, 15**). Este "mandato misionero" lo ha vivido la Iglesia desde sus inicios. Por ejemplo, lo podemos leer en el siguiente texto:

Hechos 18, 24-28: *Llegó a Éfeso un judío llamado Apolo, natural de Alejandría, hombre elocuente y muy versado en las Escrituras. Lo habían instruido en el camino del Señor y exponía con entusiasmo y exactitud lo referente a Jesús, aunque no conocía más que el bautismo de Juan. Apolo, pues, se puso a hablar públicamente en la sinagoga. Cuando lo oyeron Priscila y Áquila lo tomaron por su cuenta y le explicaron con más detalle el camino de Dios. Decidió* pasar a Acaya, y los hermanos lo animaron y escribieron a los discípulos de allí que lo recibieran bien. Una vez llegado, con la ayuda de la gracia, contribuyó mucho al provecho de los creyentes, pues rebatía vigorosamente en público a los judíos, demostrando con la Escritura que Jesús es el Mesías.

TEXTOS DEL VATICANO II: DECRETO DEL APOSTOLADO DE LOS SEGLARES

«*La vocación cristiana es, por su misma naturaleza, vocación al apostolado*» (n. 2).

«*Son innumerables las ocasiones que tienen los seglares para ejercitar el apostolado de la evangelización y de la santidad*» (n. 6).

«*Los esposos cristianos son para… sus hijos los primeros predicadores y educadores de su fe*» (n. 11).

¡Proclamad el evangelio!

DIALOGAMOS

Comentamos este texto del Concilio Vaticano II:

"También los niños tienen su propia actividad apostólica. Según su capacidad, son testigos vivientes de Cristo entre sus compañeros" (n. 12).

¿Cómo puede vivir el apostolado un chico/a de vuestra edad?

Qué dice el texto

El texto habla de tres personajes que fueron grandes misioneros: Apolo, que debía ser catecúmeno, y el matrimonio formado por Áquila y Priscila.

Apolo, incluso antes de bautizarse, anunció con valentía el evangelio de Jesús y lo hacía con una predicación tan brillante que atraía a muchos oyentes.

Cuando le oyeron Áquila y Priscila se dieron cuenta de que no conocía todavía plenamente la doctrina cristiana. Ellos se ofrecieron a explicársela y él lo aceptó de buen grado. Después recibió el bautismo. Seguidamente, pasó a Corinto, donde también predicó con gran celo y valentía.

Qué me dice Jesús a mí

- Los primeros cristianos vivieron como Áquila, Priscila y Apolo. Así mi Nombre pudo llegar pronto a todas partes. Piensa cómo cambiaría el mundo si hoy los cristianos vivieran así.
- ¿Te gustaría darme a conocer a tus hermanos, amigos y compañeros? ¿Puedo contar contigo?

Qué le puedo decir yo a Jesús

- Jesús, quiero ser discípulo tuyo en sentido pleno y, por tanto, quiero ser misionero en mi casa, en el colegio, en todas partes.
- Jesús, me tienes que ayudar porque no es cosa fácil ser testigo tuyo en el mundo de hoy; tendré que ir muchas veces contracorriente y ser un discípulo misionero en el lugar que tú me has puesto.

4. PRIMEROS CRISTIANOS

Se puede afirmar que en estas primeras etapas de la vida cristiana hay tantos apóstoles como fieles. Cada bautizado se sentía «sal de la tierra y luz del mundo» **(Mateo 5, 13-14)** y se convertía en un verdadero apóstol para los demás, con su ejemplo y con su palabra.

Tenemos un testimonio muy expresivo de esto en un tratado de **San Cipriano** (siglo III), dirigido a un amigo suyo pagano de nombre Demetriano, en el que le cuenta cómo cambió su vida totalmente al recibir el Bautismo. Dirá con toda sencillez: *«al instante se aclararon mis dudas de modo maravilloso… Y comprobé que era cosa de Dios lo que ahora estaba animado por el Espíritu Santo».*

Desde los orígenes del cristianismo, la mujer desempeñó un papel muy importante en la difusión del evangelio. Un ejemplo puede ser el de **Priscila**, que evangelizó a Apolo **(Hechos 18, 26)**. Clemente de Alejandría describe el papel de estas cristianas que ayudaban a los primeros Apóstoles y que son las únicas que podían entrar en las estancias reservadas a las mujeres y llevar a ellas la doctrina liberadora del Señor **(Stromata, III, 6, 53)**.

¡Sal de la tierra y luz del mundo!

REFLEXIONAMOS

¿Cómo se puede explicar ese cambio tan radical en Demetriano después de recibir el Bautismo?

¿Qué campos de evangelización tenían las mujeres en aquellos primeros tiempos?

Concluimos leyendo despacio y celebrando este decálogo:

Decálogo del apóstol moderno

1 El bautizado se hace miembro del Cuerpo de Cristo y se convierte en apóstol.

2 Por eso, un bautizado no necesita permiso de nadie para hacer apostolado.

3 El apostolado es dar a conocer a los demás a Jesús, que les ama y ha dado la vida para hacerles felices en la tierra y, sobre todo, en el Cielo.

4 Un cristiano que no hace apostolado es un miembro inútil e incluso perjudicial en la Iglesia de Jesucristo.

5 El principal apostolado es el de la propia vida: porque "las palabras mueven, pero el ejemplo arrastra".

6 Además del apostolado de la vida es necesario también anunciar a Jesucristo con la palabra. La amistad es un medio estupendo de apostolado.

7 Un sarmiento necesita estar unido a la vid para dar uvas. Un cristiano necesita estar unido a Jesús para producir frutos.

8 Esa unión se realiza por la oración y la Eucaristía porque "si el Señor no construye la casa, en vano trabajan los albañiles".

9 La Eucaristía es el alimento espiritual indispensable del apóstol y la confesión el remedio para sus debilidades.

10 El apóstol moderno debe recurrir sin cesar a María, Estrella de la Evangelización.

Repasa este decálogo y responde:
¿De cuál de estos diez puntos te sientes más necesitado?

link

Vemos el vídeo
"Himno JMJ Rio 2013".

Esta actividad es para hacerla en familia conjuntamente el padre o la madre con el hijo/a. No es difícil encontrar unos minutos para ayudarles en su formación cristiana.

«¡Mi vocación es el amor!»

Leemos en familia:

La vida de santa **Teresa del Niño Jesús** es una historia de amor. Amor que va de Dios a Teresa y de Teresa a Dios. Su figura y sus escritos han cautivado a todos. Su autobiografía -**Historia de un alma**- impresionó al mundo.

En ella cuenta cómo, siendo carmelita, un día leyó la primera carta de San Pablo a los Corintios: «*Codiciad los carismas más perfectos... Os voy a mostrar un camino superior*», donde san Pablo canta el himno del amor... sin el cual todos los carismas son nada. Cerró el libro y en un transporte de gozo exclamó: «*Por fin he encontrado mi vocación. ¡Oh, Jesús, mi amor! ¡Mi vocación es el amor!... Comprendí que la Iglesia tenía un corazón y que ese corazón estaba ardiendo de amor. Comprendí que el amor encierra todas las vocaciones, que el amor lo es todo... Soy hija de la Iglesia -diría- y esta hija no sabe otra cosa que amarte, Jesús*».

Su afán de almas hizo que desde el carmelo de Lisieux, con su intensa oración, ayudara eficazmente a las misiones. **En todo momento y circunstancia se sintió misionera.** Cuando ya estaba muy enferma y daba un breve paseo, una carmelita, al ver su fatiga, le recomendó descansar. «*¿Sabes lo que me da fuerzas? Pienso que allá muy lejos puede haber un misionero casi agotado en sus desplazamientos apostólicos, y para disminuir sus fatigas, ofrezco las mías a Dios*».

¿Cómo Teresa llegó a ser patrona universal de las Misiones? ¿Qué obras extraordinarias realizó?

Encuentro 15
María, estrella de la nueva evangelización

OBJETIVO: La Santísima Virgen es modelo y guía de la nueva evangelización.

CATECISMO "Testigos del Señor": tema 19, p. 110-113. Pregunta 47 a 49.

PRIMERA PARTE

1. NOS SITUAMOS

Hemos llegado al final de un camino que ha durado algunos años. En él hemos tratado de conocer y amar más a Jesús y ser mejores discípulos suyos.

Pero la vida sigue y tú no puedes pararte. Ahora te toca lo que a un estudiante de medicina o de ingeniería, que terminan la carrera: llevar la salud a los enfermos, construir puentes, abrir nuevos caminos. O lo que es lo mismo, llevar a los demás la Verdad de Cristo, que es la Vida y el Camino más seguro.

Y todo ello sin salirte de tu sitio, que es tu familia, tus amigos, tu estudio… tu vida. La tarea es maravillosa, porque Jesús te llama a ser protagonista de la *nueva evangelización* allá donde te encuentres. No necesitas hacer cosas especiales sino **vivir como lo hacían los primeros cristianos.** Jesús estará siempre a tu lado para darte fuerzas y ayudarte, en especial por la oración y los Sacramentos.

 DIALOGAMOS

¿Cómo hacerlo? ¿Qué papel deberá tener la Virgen María, por ser ella la primera evangelizadora y el modelo de todo evangelizador?

Ser evangelizador es acoger a Jesús como hizo María en la Anunciación y al pie de la Cruz. Por eso, Ella, como verdadera Madre nuestra, nos lleva siempre a su Hijo, a Jesús.

Apocalipsis 12, 1-5: *Un gran signo apareció en el cielo: una mujer vestida del sol, y la luna bajo sus pies y una corona de doce estrellas sobre su cabeza; y está encinta, y grita con dolores de parto y con el tormento de dar a luz. Y apareció otro signo en el cielo: un gran dragón rojo que tiene siete cabezas y diez cuernos, y sobre sus cabezas siete diademas, y su cola arrastra la tercera parte de las estrellas del cielo y las arrojó sobre la tierra. Y el dragón se puso en pie ante la mujer que iba a dar a luz, para devorar a su hijo cuando lo diera a luz. Y dio a luz un hijo varón, el que ha de pastorear a todas las naciones (…).*

Apocalipsis 12, 15-18: *Y vomitó la serpiente de su boca, detrás de la mujer, agua como un río para hacer que el río la arrastrara. Y la tierra ayudó a la mujer, y abrió la tierra su boca y se tragó el río que había arrojado el dragón de su boca. Y se llenó de ira el dragón contra la mujer, y se fue a hacer la guerra al resto de su descendencia, los que guardan los mandamientos de Dios y mantienen el testimonio de Jesús.*

DIALOGAMOS

¿Quiénes son los protagonistas que aparecen en este impresionante relato del Apocalipsis?

¿A quiénes hace la guerra la Serpiente desde entonces?

Qué dice el texto

La figura de esa Mujer extraordinaria tiene rasgos que son propios de la Iglesia y de la Virgen María. Por ejemplo, el sol representa al Mesías, que nacerá de Ella y la luna "a sus pies" es la propia Virgen en actitud de adoración al Hijo de Dios. Las doce estrellas que forman su corona representan a las doce tribus del pueblo de Israel y a los doce Apóstoles de Jesús, columnas de la Iglesia.

El dragón o serpiente infernal es Satanás, que quiere devorar al Niño nacido de la Mujer, sin poder conseguirlo. El dragón hará la guerra hasta el final a la descendencia de Jesús, a los que guardan los mandamientos de Dios.

Qué me dice Jesús a mí

- Cuento contigo para que pelees a mi lado en esta lucha sin tregua. Confío en que formes parte de mi ejército: de los que guardan los mandamientos de Dios y son mis testigos en el mundo.
- Para ello, es necesario que te unas a otros chicos y chicas de tu edad que compartan tus ideales. No puedes ir solo por la vida, porque te perderías.

Qué le puedo decir yo a Jesús

- Que quieres ser un miembro vivo de su Iglesia y que cuente contigo para lo que quiera.
- Que estás dispuesto a jugarte la vida por Él.
- Que te comprometes a apuntarte a un grupo juvenil de tu parroquia o a recibir formación en una labor de apostolado.

¡Vive tu vida de cristiano en comunidad!

4. PRIMEROS CRISTIANOS

SAN EFRÉN DE SIRIA (siglo IV) compuso numerosos cánticos a la Virgen María. Los enseñaba al pueblo sirio para que este los cantara en la liturgia.

«He mirado asombrado a María que amamanta a Aquél que nutre a todos los pueblos, pero que se ha hecho niño. Habitó en el seno de una muchacha, Aquél que llena de sí el mundo.

Un gran sol se ha recogido y escondido. Una adolescente ha llegado a ser la Madre de Aquél que ha creado al hombre y al mundo.

Ella llevaba un niño, lo acariciaba, lo abrazaba, lo mimaba con las más hermosas palabras y lo adoraba diciéndole: Maestro mío, dime que te abrace.

Ya que eres mi Hijo, te acunaré con mis cantinelas; soy tu Madre, pero te honraré. Hijo mío, te he engendrado, pero Tú eres más antiguo que yo; Señor mío, te he llevado en el seno, pero Tú me sostienes en pie.

Has nacido de mí como un pequeño, pero eres fuerte como un gigante; eres el Admirable. Los cielos están llenos de tu gloria, y sin embargo las entrañas de una hija de la tierra te sostienen por entero.

La serpiente, que sedujo a Eva, ha sido aplastada por Ti, brote que has nacido de mi seno. El querubín y su espada por Ti han sido quitados, para que Adán pueda regresar al paraíso, del cual había sido expulsado".

Canción de cuna de María

REFLEXIONAMOS

Leemos despacio este cántico y luego conversamos sobre él y repetimos la estrofa que más nos ha gustado.

La evangelización de España y de América es inseparable de la Virgen María, como atestiguan los grandes santuarios marianos de esas naciones. Recordemos algunos y, cuando nos sea posible, vayamos en peregrinación para pedirle que nos ayude ahora en esta nueva etapa de la evangelización.

MONTSERRAT · FÁTIMA · LOURDES · EL PILAR · COVADONGA · ALMUDENA · GUADALUPE

SANTUARIOS DE ESPAÑA

La Virgen del Pilar (Zaragoza)
Covadonga (Asturias)
Monserrat (Barcelona)
Guadalupe (Cáceres)
El Rocío (Huelva)
La Almudena (Madrid)
Nª Sra. de los Desamparados (Valencia)
Y muchos más

SANTUARIOS DE AMÉRICA

Guadalupe (México)
Virgen de Luján (Argentina)
La Aparecida (Brasil)
Nª Señora de la Merced (Perú)
Caridad del Cobre (Cuba)
Nª Señora de Coromoto (Venezuela)
Virgen del Carmen (Chile)
Y muchos más

Los Santuarios de **Lourdes** (Francia) y de **Fátima** (Portugal) nos indican también que la evangelización del mundo moderno es inseparable de la Virgen María.

Oración a María, Estrella de la nueva Evangelización

Madre de Jesús y madre nuestra:
Consíguenos ahora un nuevo ardor apostólico
para llevar a todos el evangelio de la alegría y de la vida.
Danos santa audacia para buscar nuevos caminos
y llegar a todos.

Estrella de la Nueva Evangelización:
Ayúdanos a ser luz del mundo y sal de la tierra
con una vida de servicio, de fe ardiente, de justicia,
de amor y de paz. Y así llegar hasta el último
rincón de la vida. Amén

link

Escuchamos la canción "Contigo, María".

Esta actividad es para hacerla en familia conjuntamente el padre o la madre con el hijo/a. No es difícil encontrar unos minutos para ayudarles en su formación cristiana.

¿Cómo honrar a nuestra madre la Virgen en familia?

Los católicos podemos venerar y honrar en familia a nuestra Madre la Virgen María e muchas maneras. Recordemos algunas:

- **Rezar en nuestra habitación** ante una imagen de la Virgen María.

- **Las fiestas marianas**, que son muchas a lo largo del año. ¿Recordamos algunas?

- **El rezo del Santo Rosario**, que ha sido recomendado por los Romanos pontífices con mucha insistencia. Comentamos en qué consiste esta devoción.

- **La oración del Ángelus.** ¿Qué recordamos con esta oración?

- **El escapulario de la Virgen del Carmen.** ¿En qué consiste esta devoción?

- **Las Romerías a santuarios o ermitas marianos.** ¿En qué consisten? ¿Cuándo podemos hacer una?

EL PROYECTO "CATEQUESIS DE ORIENTACIÓN CATECUMENAL": ORIENTACIONES PARA LOS CATEQUISTAS

1	¿Cuál es su principal objetivo?	99
2	Descripción del proyecto en tres niveles	100
3	Estructura de los encuentros	102
4	La belleza de las imágenes	103
5	Implicar a los padres de familia	104
6	Cómo ponerlo en marcha en una parroquia o colegio	105
7	Los catequistas	105
8	Elementos propios del proyecto: etapas, ritos, escrutinios	106
9	La preparación de la Confirmación	106
10	Medios audiovisuales y anexos	107
11	Cómo facilitar la perseverancia al finalizar la Catequesis de Orientación Catecumenal	108

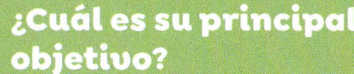

¿Cuál es su principal objetivo?

En este proyecto de catequesis, por tanto, no se prepara a una persona *para que reciba éste o el otro sacramento* sino *para que descubra, acepte, siga* y *aprenda a amar a la Persona de Jesucristo.*

Seguir a Jesucristo "no es un hecho que interesa sólo a nuestra inteligencia, sino que es un cambio que involucra la vida, la totalidad de nosotros mismos: sentimiento, corazón, inteligencia, voluntad, corporeidad, emociones, relaciones humanas. Con la fe en Jesucristo cambia verdaderamente todo en nosotros y para nosotros, y se revela con claridad nuestro destino futuro, la verdad de nuestra vocación en la historia, el sentido de la vida, el gusto de ser peregrinos hacia la Patria celestial" (Benedicto XVI, Audiencia 17-X-2012).

Unas **palabras del papa Francisco, dirigidas a los Obispos de España,** son muy adecuadas para entender la actualidad de los planteamientos del presente proyecto: *"El momento actual (…) exige poner a vuestras Iglesias en un verdadero estado de misión permanente, para llamar a quienes se han alejado y fortalecer la fe, especialmente en los niños. Para ello no dejéis de prestar una atención particular al proceso de iniciación a la vida cristiana" (…) y al "acompañamiento de las familias (…) Iglesia doméstica donde se fragua y se vive la fe. Una familia evangelizada es un valioso agente de evangelización"* (Discurso del 3-III-2014).

Descripción del proyecto en sus tres niveles

El proyecto "Catequesis de Orientación Catecumenal" está estructurado en tres niveles, para ser desarrollado a lo largo de tres cursos o en tres cursillos más breves.

En una *Visión de conjunto* tendríamos el siguiente esquema:

Nivel 1: Creación, promesas y alianzas (Dios Padre)

Nivel 2: Realización de las promesas y de la alianza (Jesucristo Redentor)

Nivel 3: Actualización y vivencia de la Redención (Espíritu Santo e Iglesia)

En una visión más detallada, desglosamos los siguientes "encuentros" para cada uno de los tres niveles:

NIVEL 1

1	Dios creó el mundo por amor
2	Dios creó al hombre y a la mujer (y les colmó de dones)
3	El ser humano se aleja de Dios
4	Dios sale al encuentro del hombre (promesa del Salvador)
5	Dios hace una alianza con Noé
6	Dios elige un pueblo: alianza con Abrahán
7	Dios prueba la fe de Abraham
8	Dios libera a su pueblo de la esclavitud: Moisés-La Pascua
9	Dios ratifica su alianza en el Sinaí: Moisés-Los 10 Mandamientos
10	Dios guía a su pueblo en el desierto y le da la tierra prometida
11	Dios elige a David, del cual nacerá el Mesías
12	David anuncia un nuevo Reino
13	Los profetas anuncian al Mesías Salvador
14	Dios anuncia una alianza nueva y definitiva

NIVEL 2

1	Dios cumple sus promesas (Anunciación y Encarnación)
2	El Salvador nace en Belén
3	El Bautismo de Jesús en el Jordán
4	Jesús cura a los enfermos
5	Jesús perdona mis pecados
6	"Yo soy la Resurrección y la Vida"
7	La Última Cena (Introducción al Misterio Pascual)
8	"¡Ten compasión de mí!"
9	Jesús murió por mí y por todos
10	Jesús Resucitó y se apareció a los Apóstoles
11	Jesús en el camino de Emaús
12	Jesús sube al Cielo y nos envía el Espíritu Santo
13	La Iglesia (Pueblo de Dios-Cuerpo de Cristo-Comunión)
14	"Id por todo el mundo" (Misión apostólica)
15	María, Madre de la Iglesia y Madre nuestra

NIVEL 3

1	El libro de los Hechos de los Apóstoles
2	Pentecostés: hombres nuevos
3	La primera piedra: el kerigma
4	La primera comunidad cristiana
5	Un modo de vida nuevo
6	Un mundo sin fronteras
7	Más de Cristo y más de la Iglesia
8	Reunidos cada domingo
9	Las iglesias domésticas
10	El amor divino y humano
11	Desprendidos de los bienes materiales
12	Pecadores perdonados
13	Cambiar el mundo
14	Misioneros ayer, hoy, siempre
15	María, estrella de la nueva evangelización

Estructura de cada uno de los encuentros

Cada uno de los encuentros está pensado para impartirlo en dos semanas. Por eso, en un trimestre podrán impartirse cinco encuentros. Todos los encuentros tienen la siguiente estructura:

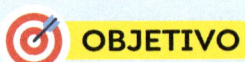
OBJETIVO

PRIMERA PARTE

1. **Introducción**
2. **Leemos el texto bíblico**
3. **Analizamos el texto bíblico**

SEGUNDA PARTE

4. **Primeros cristianos**
5. **Celebramos**
6. **Catequesis en familia**

El *objetivo* formula la finalidad de cada encuentro, aquello que se quiere transmitir y enseñar a vivir a través de los diferentes apartados que lo desarrollan.

La división de cada encuentro en dos partes tiene como finalidad presentar a los catequistas **una propuesta práctica de programación**, a razón de unos cinco encuentros por trimestre. Es un plan sencillo y normalmente asequible.

La finalidad de cada uno de los *apartados* es la siguiente:

1. *Introducción:* la primera página de cada encuentro tiene como fin introducir el tema de un modo atrayente y ameno. En el nivel 1 este apartado se llama "Nos situamos"; en el nivel 2 "Tertulia familiar", etc.

2. *Leemos el texto bíblico:* este es un momento muy importante, pues de una lectura atenta, pausada y bien asimilada va a depender la adecuada identificación con el objetivo que se propone en cada encuentro. La imagen que va en esta página está pensada para que sea comentada por el catequista y ayude a los catequizandos identificarse mejor con el texto bíblico.

3. *Analizamos el texto bíblico:* es importante hacer un cuidadoso análisis del texto bíblico para destacar lo que nos quiere decir el autor del texto y también aquello que Dios nos quiera sugerir o inspirar con esa lectura. Muchas veces deberá tener el tono de una breve reflexión o meditación en un clima de diálogo entre el catequista y los catequizandos.

4. *Primeros cristianos:* en cada encuentro se dedica esta página a un texto o relato sobre los primeros cristianos. Son testimonios que servirán de ejemplo a los adolescentes y familias de hoy.

5. *Celebramos:* esta página, que suele tener contenido litúrgico, tiene como finalidad "enseñar a orar" por medio de un himno, un canto, un prefacio o una oración en común. Es el momento celebrativo de cada encuentro y aquí será importante la dinámica que aplique el catequista para conseguir una participación activa y piadosa de su grupo de catecúmenos.

6. *Catequesis en familia:* Cada encuentro ofrece en la página final unas *actividades para vivir en familia. Este momento familiar tiene mucho interés* pues se ofrece a los padres la ocasión de vivir un rato semanal o quincenal de "catequesis en familia", de conversar con su hijo/a sobre un pasaje del Evangelio, de ver juntos un vídeo con mensaje cristiano o de realizar conjuntamente (padres e hijo/a) una actividad simpática, por ejemplo, una sopa de letras, leer e interpretar una poesía con mensaje espiritual o escuchar una canción.

En estas catequesis los catecúmenos y catequizandos deben aprender a vivir y a orar en comunidad y a participar activamente en la vida y misión de la Iglesia. El Concilio Vaticano II señala a los pastores la necesidad de «cultivar debidamente el espíritu de comunidad» y a los catecúmenos la de «aprender a cooperar eficazmente en la evangelización y edificación de la Iglesia».

La belleza de las imágenes

Un aspecto que hemos querido cuidar de modo especial ha sido la calidad y belleza de las imágenes, tanto las que ilustran los tres libros como las que se trasmiten por medio de los vídeos y canciones. En este punto hemos seguido la recomendación del papa Francisco en su Exhortación "La

alegría del Evangelio": "*Es bueno que toda catequesis preste una especial atención al «camino de la belleza» (via pulchritudinis). Anunciar a Cristo significa mostrar que creer en Él y seguirlo no es sólo algo verdadero y justo, sino también bello, capaz de colmar la vida de un nuevo resplandor y de un gozo profundo, aun en medio de las pruebas. En esta línea, todas las expresiones de verdadera belleza pueden ser reconocidas como un sendero que ayuda a encontrarse con el Señor Jesús*" (Evangelii Gaudium n. 167).

Implicar a los padres de familia

Si buscamos *formar niños o jóvenes cristianos* hemos de considerar la necesidad de implicar a los padres en el proceso de iniciación cristiana de sus hijos. Como decía un buen y experto párroco: "Si los padres no están ahí, los chicos no siguen después".

La experiencia demuestra que, informados y motivados de modo conveniente, un número significativo de padres, a veces poco o nada practicantes, suelen aceptar y apoyar para sus hijos un proyecto de Catecumenado sistemático, pues en su subconsciente no quieren para sus hijos la indiferencia religiosa presente en gran parte de la juventud actual.

En este contexto, el proyecto "Catequesis de Orientación Catecumenal" ofrece a los padres la posibilidad de participar de una forma sencilla y natural por medio de los materiales que se les entregan. Si se pone interés en hacer estas actividades con el hijo/a, estos ratos de "catequesis en familia" resultarán una ayuda eficaz para lograr en el hogar un ambiente familiar más cristiano. Además, los padres que se implican en este proceso refuerzan su vida cristiana pues "la fe crece cuando se transmite" (Benedicto XVI y el papa Francisco en diversos discursos).

Todos los esfuerzos que se hagan para implicar a los padres en la iniciación cristiana de sus hijos están en la buena dirección, hasta el punto de que ese es el objetivo más importante de la catequesis (Cf. Enzo Biemmi, *El segundo anuncio.* Sal Terrae, págs. 65 y ss.).

No hay recetas únicas para implicar a los padres. Sin embargo, las cosas buenas que se van haciendo, aunque parezca que se camina despacio, dan excelentes pistas.

- **Tener al menos una reunión trimensual con los padres.** En la primera reunión con ellos se les puede exponer las líneas generales del proyecto "Catequesis de Orientación Catecumenal" y la importancia de su colaboración en bien de sus hijos. A la vez, se les puede comentar en qué consistirían las sesiones semanales o quincenales de "catequesis en familia" previstas para realizar en casa, y se les pueden presentar algunos ejemplos de la página seis de cada encuentro que es la dedicada a la "catequesis en familia". Se les hará ver que son actividades sencillas que esta participación espontánea y libre de los padres es muy eficaz para la formación cristiana de los hijos.

Cómo poner en marcha este proyecto en una parroquia o colegio

Hay muchas maneras de iniciar un Proyecto de Catequesis de Orientación Catecumenal en una parroquia, colegio o movimiento. A continuación exponemos los pasos que, según nuestra experiencia, se pueden dar para iniciarlo:

- **El párroco o el capellán** que lo promueve debería formular por escrito el proyecto con bastante detalle. En este punto será muy positiva la colaboración activa de los catequistas. Y, lógicamente, adecuar lo mejor posible el proyecto a aquellos a quienes va dirigido.

- **Seleccionar a los catequistas apropiados.** Este punto es clave, pues serán ellos quienes han de impulsar y orientar este tipo peculiar de catequesis manteniendo una relación de colaboración cercana y amistosa con los jóvenes y con los padres de los chicos que participan en el proyecto.

Los catequistas

Probablemente un buen número de los catequistas que se encarguen de estas catequesis catecumenales sean fieles laicos. Pues bien, los catequistas laicos "al vivir la misma forma de vida que aquellos a quienes catequizan, tienen una especial sensibilidad para encarnar el Evangelio en la vida concreta. Los propios catecúmenos y catequizandos pueden encontrar en ellos un modelo cristiano cercano en el que proyectar su futuro como creyentes (…). El Señor Jesús invita así, de una forma especial, a hombres y mujeres, a seguirle precisamente en cuanto maestro y formador de discípulos. Esta llamada personal de Jesucristo, y la relación con El, son el verdadero motor de la acción del catequista. De este conocimiento amoroso de Cristo es de donde brota el deseo de anunciarlo, de evangelizar, y de llevar a otros al "sí" de la fe en Jesucristo".

Elementos propios del Catecumenado: etapas, ritos, escrutinios

Es tradicional en toda catequesis parroquial o escolar programar algunas *celebraciones de la Palabra* (por ejemplo, la entrega de la Biblia, del Catecismo o del Padrenuestro). Estas celebraciones de la Palabra son muy adecuadas para desarrollar en los catecúmenos y en sus familias el sentido religioso y el espíritu de comunidad.

En unas catequesis de orientación catecumenal como las que ahora presentamos estas celebraciones adquieren especial importancia. La **Cuaresma** ha de cobrar toda su pujanza para ofrecer una más intensa preparación de los catecúmenos; y la **Vigilia Pascual** es el tiempo más adecuado para administrar los sacramentos de la iniciación.

En el supuesto de niños y niñas en edad escolar que comienzan su iniciación cristiana, las celebraciones se jalonan según prescribe el **Ritual de Iniciación cristiana de adultos, capítulo V.**

Cuando se trata de bautizados que ya han recibido la Primera Eucaristía y quieren completarla con la Confirmación, una posible *secuencia celebrativa* de las etapas y ritos podría ser la siguiente:

1. **Nivel 1**: Rito de entrada (a principios del Nivel 1).

2. **Nivel 2**: Celebración penitencial: el tiempo de purificación e iluminación de los catecúmenos de ordinario será a lo largo de la Cuaresma, que es tiempo muy adecuado para una celebración de la Penitencia. Así se disponen los catecúmenos para celebrar el Misterio Pascual y recibir la Eucaristía.

3. **Nivel 3**: Segunda celebración Penitencial, previa a la Confirmación.

4. Entregas del Credo y Padre Nuestro (+Evangelio y Cruz): después de recibir la Confirmación.

Completar la iniciación cristiana con la Confirmación

Una de las principales finalidades del proyecto Junior "Catequesis de Orientación Catecumenal" es, precisamente, ayudar a jóvenes a completar su iniciación cristiana y recibir el Sacramento de la Confirmación. Por ello, ahora seremos muy breves.

Según el Catecismo de la Iglesia Católica, "el sacramento de la Confirmación constituye con el Bautismo y la Eucaristía

el conjunto de los "sacramentos de la iniciación cristiana", cuya unidad debe ser salvaguardada. Es preciso, pues, explicar a los fieles que la recepción de este sacramento es necesaria para la plenitud de la gracia bautismal. En efecto, a los bautizados "el sacramento de la Confirmación los une más íntimamente a la Iglesia y los enriquece con una fortaleza especial del Espíritu Santo. De esta forma quedan obligados aún más, como auténticos testigos de Cristo, a extender y defender la fe con sus palabras y sus obras" (cf *Ritual de la Confirmación*) *(CEC, n. 1285)*.

Por eso, "la preparación para la Confirmación debe tener como meta conducir al cristiano a una unión más íntima con Cristo, a una familiaridad más viva con el Espíritu Santo, su acción, sus dones y sus llamadas", y su catequesis "se esforzará por suscitar el sentido de la pertenencia a la Iglesia de Jesucristo, tanto a la Iglesia universal como a la comunidad parroquial. Esta última tiene una responsabilidad particular en la preparación de los confirmandos (cf *Ritual de la Confirmación*)" *(CEC, n. 1309)*.

Todos estos objetivos se van desarrollando a lo largo del proyecto "Catequesis de Orientación Catecumenal" Junior.

Medios audiovisuales y Anexos

Los *contenidos multimedia* que forman parte del proyecto editado "Catequesis de Orientación Catecumenal" (canciones y vídeos) han sido seleccionados por su calidad y dependiendo de las edades de cada Nivel. En cada contenido audiovisual hay un código QR que dirige nuestra página web donde podrás ver todos los vídeos.

Son vídeos y canciones muy adecuados para los jóvenes; tienen también la virtud de ser bastante breves, pues casi nunca superan los 5 minutos, lo cual facilita su uso en la sesión de catequesis parroquial o escolar y en la familia.

Al final de cada uno de los tres libros van cuatro *anexos*:

- Glosario
- Oraciones
- Misal
- ¿Cómo hacer una buena confesión?

El *anexo Glosario* recoge los términos del *vocabulario cristiano básico* que se han utilizado en la exposición de los 15 encuentros de cada Nivel.

El *anexo Oraciones* recoge las oraciones cristianas más comunes: el Padrenuestro, el Avemaría y el Gloria; las oraciones más conocidas a la Santísima Virgen: la Salve, el Acordaos, el Angelus; el acto de contrición, etc.

El *anexo Misal* tiene como finalidad facilitar al catequizando una breve exposición de las partes y ritos de la Misa que pueda serle útil para participar de un modo atento y piadoso en la celebración dominical de la Eucaristía.

Cómo facilitar la perseverancia al finalizar la Catequesis de Orientación Catecumenal

Una de las cosas que más entristece a los pastores de la Iglesia y a los catequistas es ver cómo, con excesiva frecuencia, bastantes chicos y chicas

que han acudido durante dos o tres años a las catequesis de preparación para la Confirmación, una vez confirmados, se alejan de la parroquia y de la Iglesia. Sería muy interesante conocer bien los motivos de esas *deserciones*. Pensamos que uno de los factores más decisivos es el no haber logrado una conexión suficientemente fuerte, efectiva y afectiva, con otros jóvenes que están bien integrados en instituciones de la Iglesia o en la propia parroquia.

Por eso, desearíamos subrayar la importancia que tiene proporcionar a estos chicos y chicas, dentro de las actividades previstas para su formación, un conocimiento no solo teórico, sino vivo y cercano de algunas realidades eclesiales. Sería muy deseable que este fuera *uno de los objetivos principales de los párrocos* durante este periodo de formación para los jóvenes que están en la etapa de la Confirmación.

Para ello, les haría mucho bien a estos jóvenes del Catecumenado escuchar de vez en cuando el testimonio de otros jóvenes que colaboran con algunas de esas realidades eclesiales y participar en *actividades de voluntariado* de Caritas, Manos Unidas, Banco de Alimentos, Monitores de algunas actividades de la parroquia (deportes, visitas a ancianos o a enfermos, convivencias y campamentos, etc.). Así mismo, algunos de ellos podrían ser *catequistas* y ayudar a las catequesis y dinámicas de los más pequeños (por ejemplo, entre 6 y 10 años). Estos chicos y chicas crecen rápidamente y podrán ser pronto futuros monitores o catequistas.

Los autores

A

Absolución: Perdón de los pecados que otorga el sacerdote, en nombre de Jesucristo, dentro del Sacramento de la Penitencia.

Adorar: Reconocer que Dios está por encima de todo lo creado. Sólo a Dios le debemos adoración.

Adviento: Tiempo de preparación a la última venida del Señor (hasta el 16.XII) y a la Navidad (desde el 17.XII).

Alianza: Pacto que hizo Dios con el Pueblo de Israel.

Alma: Elemento espiritual que da fuerza y vida al ser humano. Dios crea y da un alma a cada persona.

Altar: Mesa santa sobre la que se celebra la Eucaristía o Misa.

Amar: Querer a una persona. Dios nos manda amarle primero a Él y luego a nuestros prójimos.

Ángeles: Espíritus puros creados por Dios para alabarle y para ayudar a los hombres en el camino de la salvación. Dios ha dado a cada persona un Ángel de la Guarda o Custodio.

Antiguo Testamento: La parte de la Biblia que cuenta los hechos sucedidos antes de la venida de Jesús al mundo.

Anunciación: Anuncio que recibió la Virgen María del ángel Gabriel de que iba a ser la Madre del Salvador.

Apóstoles: Los doce hombres que Jesús escogió para predicar el Evangelio por toda la tierra.

Arrepentimiento: Pesar o dolor por haber ofendido a Dios.

Ascensión: Subida de Jesús al cielo, por su propio poder.

Asunción: Subida de la Virgen María al cielo en cuerpo y alma, por el poder de Dios.

B

Bautismo: Sacramento por el cual Dios nos hace hijos suyos, nos borra el pecado original y los pecados personales, nos da la gracia del Espíritu Santo y comenzamos a ser miembros de la Iglesia.

Belén: Pueblo de Palestina en el que nació Jesús. Representación con figuras del nacimiento de Jesús.

Biblia: Conjunto de libros que forman las Sagradas Escrituras, cuyo principal autor es Dios. Se divide en dos partes: Antiguo y Nuevo Testamento.

Bienaventuranzas: Los caminos que enseñó Jesús para alcanzar el cielo.

Blasfemia: Palabra injuriosa contra Dios, la Virgen o los santos.

C

Calvario: Nombre del monte en el que fue crucificado Jesús.

Caridad: Virtud que consiste en amar primero a Dios y después a nuestro prójimo. Es el principal Mandamiento de Jesús.

Católico: El que profesa la religión católica. Católica significa universal.

Cáliz: Copa que Jesús usó en la última cena. Copa que usa el sacerdote en la Misa.

Cenáculo: Habitación en la que Jesús celebró la última cena con los Apóstoles.

Cielo: La felicidad de los que ya gozan de Dios para siempre.

Comunión: Recibir el Cuerpo de Cristo consagrado en la Santa Misa.

Conciencia: Capacidad de la persona humana para juzgar sobre la bondad o maldad de sus actos.

Confesión: Decir los pecados al sacerdote en el Sacramento de la Penitencia para recibir el perdón de Dios.

Consagración: Momento de la Misa en el que el pan y el vino se convierten en el Cuerpo y Sangre de Jesucristo.

Conversión: Reconciliarse con Dios. Ver reconciliación.

Creación: El conjunto de la obra salida de las manos de Dios.

Crear: Hacer algo de la nada. Dios creó el mundo de la nada.

Credo: El conjunto de verdades de la fe católica.

Crisma: Aceite de oliva mezclado aceites naturales olorosos y bendecido por el obispo, que se utiliza para ungir a los que reciben el Bautismo, la Confirmación y el Orden Sacerdotal.

Cristiano: El que es discípulo de Jesucristo.

Crucifijo: Imagen de Cristo crucificado.

Cruz: La señal del cristiano, pues en ella quiso Jesús morir para salvarnos.

Cuaresma: Tiempo de preparación para la Pascua, sobre todo, mediante la conversión, la penitencia y la limosna.

D

Decálogo: Los diez Mandamientos de la Ley de Dios.

Demonio: Un ángel que se rebeló contra Dios, arrastrando a muchos otros. Se opone a Dios y trata de perder a los hombres.

Derechos del hombre: Los que corresponden a todo ser humano por su dignidad de hijo de Dios. Esta dignidad es igual para todos, sin distinción de edad, sexo, raza, cultura o religión.

Destierro: Hecho de desterrar; echar a alguien de su país. El pueblo judío fue desterrado a Babilonia.

Diócesis: Territorio en el que ejerce su servicio y autoridad un Obispo.

Dios: Nuestro Padre del cielo, Creador y Señor de todas las cosas.

Discípulo: Los hombres y mujeres que seguían a Jesús. También nosotros somos ahora discípulos de Jesús.

Domingo: Día en el que los cristianos celebramos la Resurrección de Jesucristo sobre todo participando en la Eucaristía.

Emmanuel: Significa «Dios con nosotros». Jesús es el *Emmanuel*.

Emperador: Jefe supremo del Imperio.

Encarnación: Misterio por el cual el Hijo de Dios se hizo hombre tomando carne en las entrañas purísimas de la Virgen María.

Envidia: Sentir disgusto o pesar por el bien ajeno.

Epifanía: La fiesta que celebra la manifestación de Jesús, el Salvador, a toda la humanidad representada por los Magos de Oriente.

Esperanza: La virtud que nos lleva a confiar en que Dios nos ayudará siempre en el camino de la salvación.

Espíritu Santo: La tercera Persona de la Santísima Trinidad. Es Dios como el Padre y el Hijo.

Eternidad: Que no tiene fin. Dios es eterno. El cielo y el infierno también serán eternos.

Eucaristía: El sacramento que actualiza el sacrificio redentor de Jesucristo y que Él se haga presente con su Cuerpo, Sangre, Alma y Divinidad para que podamos comulgarlo.

Evangelio: Significa «Buena Noticia». Nos han llegado cuatro Evangelios que recogen la vida y las palabras de Jesús, según los relatos de Mateo, Marcos, Lucas y Juan.

Examen de conciencia: Una de las cosas que debemos hacer antes de recibir el sacramento de la Penitencia: pensar atentamente las faltas o pecados que debemos declarar en la confesión.

Éxodo: Salida de los israelitas de su cautividad en Egipto.

Fariseo: Hombre que formaba parte de una secta entre los judíos. Muchos fariseos fueron enemigos de Jesús.

Fe: Virtud por la que creemos lo que Dios nos ha revelado y la Iglesia nos enseña.

Felicidad: El estado de plena alegría y gozo de los que ya están en el cielo.

Fiel: Todo bautizado que vive la fe de la Iglesia.

Firmamento: El conjunto de los astros del cielo.

Fraternidad: Unión y amor que debemos tener a todos los hombres los que seguimos a Jesús.

Generoso: El que tiene un corazón bueno y comparte sus cosas con los demás.

Genuflexión: Gesto que consiste en poner una rodilla en el suelo en señal de adoración a Dios. Se hace, por ejemplo, ante el Sagrario.

Gracia: Don divino que nos hace hijos de Dios y herederos del cielo.

Hebreo: Ver israelita.

Historia de la Salvación: La historia de las relaciones de Dios con los hombres y de éstos con Dios. Está narrada en la Biblia. Su centro es la persona de Jesucristo.

Homicidio: Matar a otra persona.

Honrar: Respetar a las personas. Tenemos especialmente el deber de honrar a nuestros padres.

Hostia: Pan sin levadura que consagra el sacerdote en la Misa y se convierte en el Cuerpo de Cristo.

Hurtar: Acción de robar, es decir, de apoderarse de una cosa contra la voluntad de su dueño.

Ídolo: Imagen de un dios falso.

Idolatría: Acción de adorar a un ídolo.

Iglesia: Familia de los hijos de Dios formada por todos los bautizados. Lugar destinado a dar culto a Dios.

Imagen: Representación de una figura de Jesús, la Virgen o los santos.

Infalible: Que no se equivoca; que no engaña. El Papa es infalible cuando enseña, de modo solemne, y con intención de obligar a todos los fieles, una verdad de fe o de moral como Pastor supremo de la Iglesia.

Infidelidad: Falta de fidelidad, en especial a Dios.

Infierno: El sufrimiento de los que, después de la muerte, viven para siempre separados de Dios.

Inmaculada Concepción: Se dice de la Virgen María, porque nació sin la mancha del pecado original, con el que todos nacemos.

Israelita: Los que forman parte del pueblo de Israel.

Jaculatoria: Frase breve dirigida con amor a Jesús, a la Virgen o a algún santo.

Jerarquía: Se llama en la Iglesia a quienes han recibido el Sacramento del Orden Sacerdotal.

Jesús o Jesucristo: El Hijo único de Dios, verdadero Dios como su Padre. Se hizo hombre para salvarnos y darnos la vida divina.

Judíos: Ver israelita.

Juicio: Facultad de juzgar.

Juicio final: Cuando al fin del mundo Jesucristo venga a juzgar a todos los hombres.

Justicia: Virtud que consiste en ser justo, dando a cada uno lo suyo.

Justo: El que vive la justicia. También significa santo.

Laico: Los cristianos corrientes que deben dar testimonio de Jesús en el mundo, sobre todo en su familia y en su trabajo.

Ley de Dios: Se contiene en el Decálogo, es decir, en los Diez Mandamientos.

Liberación: El hecho de alcanzar la libertad. La principal liberación es la del pecado. Jesús nos ha liberado del pecado.

Libertad: Facultad que tiene el hombre de obrar de una manera o de otra.

Liturgia: Celebración de los misterios de nuestra redención, mediante la Palabra de Dios, los sacramentos, el año litúrgico y el oficio divino.

Magisterio (de la Iglesia): Enseñanzas que la Iglesia da a los fieles por medio del Papa y de los Obispos.

Maná: Alimento misterioso que Dios envió al pueblo de Israel cuando iba por el desierto.

Mandamientos: La Ley de Dios contenida en el Decálogo.

Mártir: El que da la vida por amor a Jesucristo.

Matrimonio: Sacramento que santifica la unión entre el hombre y la mujer para que formen una familia cristiana.

Mediador: El que media o hace de intermediario entre dos partes. Jesucristo es el único que puede hacer de "Mediador" entre Dios y los hombres al ser, a la vez, Dios verdadero y hombre verdadero.

Mentir: Decir lo contrario a lo que uno sabe o piensa.

Mesías: El Hijo de Dios, el Salvador prometido por los profetas a los israelitas.

Milagro: Hecho admirable debido al poder de Dios.

Misa: La actualización del sacrificio de la Cruz, que ofrece Jesucristo por medio del sacerdote.

Misericordia: Tener pena y compasión de los males ajenos.

Misionero: Cristiano (sacerdote, religioso o laico) que predica el Evangelio a los que no conocen a Jesucristo.

Moral: Ciencia que trata de las acciones humanas y enseña el modo de obrar bien.

Naturaleza: El conjunto de todos los seres del Universo creados por Dios.

Navidad: Día en el que se celebra el nacimiento de Jesús.

Nuevo Testamento: Parte de la Biblia que contiene los libros escritos después de la venida de Jesús al mundo.

Obedecer: Hacer lo que otro nos manda. Jesús nos enseñó el valor de la obediencia.

Obispo: Son los sucesores de los Apóstoles, que, bajo la autoridad del Papa, guían al pueblo de Dios, cada uno en su propia diócesis.

Ofensa: Acción de ofender a otra persona, de palabra o de obra.

Ofrecer: Entregar a otro voluntariamente una cosa. Por

ejemplo, ofrecer a Dios las obras del día.

Oración: Hablar con Dios para pedirle algo, darle gracias, etc. También se puede orar a la Virgen y a los santos.

Padrenuestro: La oración que Jesús enseñó a sus discípulos.

Papa: El sucesor del Apóstol San Pedro, como Obispo de Roma y representante de Cristo en la tierra. También se le llama Romano Pontífice y Santo Padre.

Parábola: Narraciones que usaba Jesús para hablar a sus discípulos y a la gente.

Paraíso: Lugar delicioso en el que Dios puso a Adán y Eva.

Párroco: El sacerdote que está al frente de una parroquia.

Parroquia: Iglesia que atiende espiritualmente a los fieles de una determinada zona.

Pasión: Sufrimientos que padeció Jesús desde el huerto de los olivos hasta su muerte en la cruz.

Pascua: Fiesta en la que los cristianos celebramos con júbilo la Resurrección de Jesucristo. Ese día comienza el tiempo Pascual.

Pastor: El que cuida y conduce a las ovejas. Los Pastores en la Iglesia son principalmente el Papa y los Obispos, que guían al pueblo cristiano en nombre de Jesucristo.

Patriarcas: Hombres del Antiguo Testamento que dieron origen a grandes familias.

Pecado: Desobediencia voluntaria a la Ley de Dios. (Pecado original: Aquel con el que todos nacemos, heredado de nuestros padres.)

Perdonar: Dejar de castigar una falta u ofensa. Dios nos perdona los pecados en el sacramento de la Penitencia.

Penitencia: Uno de los siete Sacramentos instituidos por Jesucristo. En él Jesús nos perdona los pecados, si le pedimos perdón.

Pentecostés: Día en que la Iglesia clausura el tiempo pascual y celebra la venida del Espíritu Santo sobre los Apóstoles.

Pobre: El que carece de lo necesario para vivir. Jesús mostró su predilección hacia los pobres.

Politeísmo: El creer en muchos dioses.

Predicar: Anunciar el Evangelio de Jesús con la palabra y con el ejemplo.

Presbítero: Es el bautizado que recibe el orden sacerdotal para ayudar al obispo en su labor pastoral (ver sacerdote).

Primogénito: El hijo nacido en primer lugar.

Profeta: Persona elegida por Dios para hablar en su nombre por estar lleno de su Espíritu. Los profetas denuncian los pecados de los hombres, invitan a la conversión y anuncian la acción salvadora de Dios. En el Antiguo Testamento anunciaron la venida del Mesías al mundo.

Prójimo: Cualquier persona respecto de otra.

Propósito (de la enmienda): Firme decisión de no volver a pecar.

Providencia: Cuidado amoroso que Dios tiene de todas sus criaturas, en especial del hombre.

Pueblo de Dios: En el Antiguo Testamento fue el pueblo de Israel. En el Nuevo Testamento, es decir, ahora, es la Iglesia.

Purgatorio: El sufrimiento de los que mueren amigos de Dios, pero aún deben purificarse de algunos pecados antes de entrar en el cielo.

Reconciliación: Vuelta a la amistad con Dios cuando nos habíamos apartado de Él por el pecado.

Redentor: Jesucristo, pues Él nos ha redimido (liberado) de nuestros pecados.

Redención: Se dice principalmente de la acción realizada por Jesucristo al ofrecer su vida en la cruz para salvarnos de nuestros pecados.

Reino de Dios: Es el Reino predicado por Jesús. Es un reino de amor, de paz, de justicia y de santidad. Este Reino está dentro de los que aman a Jesús y viven según su Evangelio; tendrá su plenitud en el cielo.

Religioso: Son hombres o mujeres que consagran toda su vida a Dios.

Revelación: Es la manifestación de una verdad oculta hecha por Dios a los hombres.

Rezar: Ver oración.

Robar: Ver hurtar.

Romano Pontífice: Ver Papa.

Rosario: Oración dirigida a la Virgen María en la que se recuerdan los principales misterios de la vida de Jesús y de María.

Sacerdote: Hombre que ha recibido la ordenación sacerdotal para dedicarse a predicar,

celebrar los sacramentos, principalmente la Santa Misa, y cuidar a los fieles.

Sacramentos: Signos instituidos por Jesucristo para comunicarnos la gracia divina.

Sacrificio: Ofrecimiento a Dios de algo que nos cuesta.

Sagrado: Lo que está dedicado a Dios, bien sean personas o cosas.

Sagrada Escritura: Ver Biblia.

Sagrario: Lugar en el que se guarda la Sagrada Eucaristía.

Salvación: La que nos ha ganado Jesucristo al vencer al pecado y a la muerte y al darnos la vida eterna en el Cielo.

Salvador: Ver Jesús y Mesías.

Sanedrín: Tribunal de la máxima autoridad entre los judíos, compuesto por unos setenta ancianos.

Santo: Persona que ya está en el cielo y goza del Amor de Dios. Todos los cristianos estamos llamados a ser santos.

Santísima Trinidad: Es el mismo Dios, en quien hay tres Personas distintas: el Padre, el Hijo y el Espíritu Santo.

Semana Santa: Los días en los que se celebra la entrada triunfal de Cristo en Jerusalén (Domingo de ramos), la institución de la Eucaristía (Jueves Santo), la Pasión y Muerte del Señor (Viernes Santo) y su gloriosa Resurrección (Vigilia Pascual).

Serafín: Ángel de especial dignidad.

Sinagoga: Lugar donde se reúnen los judíos para dar culto a Dios.

Sinceridad: Decir toda la verdad.

Soberbio: El que tiene gran estima de sí mismo y desprecia a los demás.

Solidaridad: Virtud que nos lleva a sentirnos unidos a los demás y a ayudarles, en especial cuando más lo necesitan.

Templo: Ver iglesia.

Tentación: Invitación a hacer una cosa mala.

Testigo: Persona que da testimonio de una cosa que conoce bien.

Tierra Prometida: Es la que Dios prometió a Abraham y a su descendencia. En ella nació Jesús, el Salvador.

Tierra Santa: Es la tierra en la que nació y vivió Jesucristo.

Tribu: Conjunto de familias que obedecen a un mismo jefe.

Unción: Aplicar óleo bendito a una persona o cosa. Se hace especialmente en los sacramentos del Bautismo, Confirmación, Orden sacerdotal y Unción de los enfermos y altar.

Universo: Es el conjunto de todas las cosas creadas por Dios.

Vicio: Haber adquirido una mala costumbre.

Virtud: Costumbre firme de practicar el bien y evitar el mal.

Virgen María: La Madre de Jesús y nuestra Madre del cielo. Es Madre de Dios por ser Jesucristo verdadero Dios.

Vocación: Llamada que dirige Dios al hombre/mujer para que le siga.

ORACIONES

La señal de la Santa Cruz

Por la señal de la Santa Cruz,
de nuestros enemigos, líbranos, Señor, Dios nuestro.
En el nombre del Padre, y del Hijo,
y del Espíritu Santo. Amén.

El Padrenuestro

Padre nuestro, que estás en el cielo, santificado sea
tu Nombre; venga a nosotros tu reino; hágase tu
voluntad en la tierra como en el cielo.
Danos hoy nuestro pan de cada día;
perdona nuestras ofensas como también nosotros
perdonamos a los que nos ofenden;
no nos dejes caer en tentación,
y líbranos del mal. Amén.

El Avemaría

Dios te salve, María; llena eres de gracia;
el Señor es contigo; bendita Tú eres entre todas las
mujeres, y bendito es el fruto de tu vientre, Jesús.
Santa María, Madre de Dios,
ruega por nosotros, pecadores,
ahora y en la hora de nuestra muerte. Amén.

Gloria

Gloria al Padre y al Hijo y al Espíritu Santo. Como era
en el principio, ahora y siempre, por los siglos de los
siglos. Amén.

El Credo, símbolo de los Apóstoles

Creo en Dios, Padre Todopoderoso,
Creador del cielo y de la tierra.
Creo en Jesucristo, su único Hijo, nuestro Señor;
que fue concebido por obra y gracia del Espíritu Santo,
nació de Santa María Virgen,
padeció bajo el poder de Poncio Pilato,
fue crucificado, muerto y sepultado;
descendió a los infiernos,
al tercer día resucitó de entre los muertos;
subió a los cielos y está sentado a la derecha de Dios,
Padre Todopoderoso.
Desde allí ha de venir a juzgar a vivos y muertos. Creo
en el Espíritu Santo, la Santa Iglesia Católica,
la comunión de los Santos; el perdón de los pecados;
la resurrección de la carne; y la vida eterna. Amén.

Confesión general

Yo confieso ante Dios Todopoderoso y ante vosotros,
hermanos, que he pecado mucho de pensamiento,
palabra, obra y omisión: por mi culpa, por mi culpa,
por mi gran culpa.
Por eso ruego a Santa María, siempre Virgen, a los
ángeles, a los santos y a vosotros, hermanos, que
intercedáis por mí ante Dios, nuestro Señor. Amén.

Acto de contrición general

¡Señor mío, Jesucristo!, Dios y Hombre verdadero,
Creador, Padre y Redentor mío; por ser Vos quien
sois, Bondad infinita, y porque os amo sobre todas las
cosas, me pesa de todo corazón de haberos ofendido;
también me pesa porque podéis castigarme con las
penas del infierno. Ayudado de vuestra divina gracia,
propongo firmemente nunca más pecar, confesarme y
cumplir la penitencia que me fuere impuesta. Amén.

La Salve

*Es una súplica a Santa María Reina, que lo puede todo,
pidiéndole su ayuda y protección.*

Dios te salve,
Reina y Madre de misericordia;
vida, dulzura y esperanza nuestra.
Dios te salve.
A Ti llamamos los desterrados hijos de Eva:
A Ti suspiramos, gimiendo y llorando,
en este valle de lágrimas.
Ea, pues, Señora, abogada nuestra,
vuelve a nosotros esos tus ojos misericordiosos;
y después de este destierro
muéstranos a Jesús, fruto bendito de tu vientre.
¡Oh clemente, oh piadosa,
oh dulce siempre Virgen María!
Ruega por nosotros, Santa Madre de Dios, para que
seamos dignos de alcanzar las promesas y gracias
de Nuestro Señor Jesucristo. Amén.

Bendita sea tu pureza

*Con esta oración alabas la pureza de la Virgen y le pides su
ayuda para ser limpio en pensamientos, palabras y obras.*

Bendita sea tu pureza y eternamente lo sea;
pues todo un Dios se recrea en tan graciosa belleza.
A Ti, celestial Princesa. ¡Oh, Virgen sagrada María!
Yo te ofrezco en este día
alma, vida y corazón;
mírame con compasión;
no me dejes, Madre mía,
ahora y en la última agonía, de mi muerte. Amén

Acordaos

Es una oración en la que demostramos nuestra confianza a la Virgen, nuestra Madre, y que podemos rezar por nosotros y por cualquier persona que se encuentre en una necesidad.

Acuérdate, oh piadosísima Virgen María,
que jamás se ha oído decir que ninguno de los que han acudido a tu protección,
implorando tu asistencia y reclamando tu auxilio,
haya sido abandonado de Ti.
Animado con esta confianza, a Ti también acudo,
¡oh Virgen de las vírgenes!; y gimiendo bajo el peso de mis pecados, me atrevo a comparecer ante tu presencia soberana.
¡Oh Madre de Dios!, no desprecies mis súplicas; antes bien, escúchalas y acógelas benignamente. Amén.

¡Oh, Señora mía!

Esta oración te puede servir de ofrecimiento personal a la Virgen. Si quieres puedes decírsela cada día al levantarte.

¡Oh, Señora mía! ¡Oh, Madre mía!
Yo me ofrezco del todo a Ti,
y en prueba de mi filial afecto,
te consagro en este día
mis ojos, mis oídos, mi lengua, mi corazón;
en una palabra, todo mi ser.
Ya que soy todo tuyo,
Madre de bondad, guárdame y defiéndeme como cosa y posesión tuya. Amén.

A las doce, una cita con la Virgen

Es una antigua costumbre cristiana saludar todos los días a la Virgen, rezando a las doce el Angelus.

En esta oración le recordamos a la Virgen María el momento más grande de su vida: cuando el Arcángel San Gabriel le anunció que iba a ser la Madre de Dios y Ella aceptó.

El Ángel del Señor anunció a María.
Y concibió por obra del Espíritu Santo. *Avemaría.*
He aquí la esclava del Señor.
Hágase en mí según tu Palabra. *Avemaría.*
El Hijo de Dios se hizo hombre.
Y habitó entre nosotros. *Avemaría.*
Ruega por nosotros, Santa Madre de Dios.
Para que seamos dignos de alcanzar las promesas de Nuestro Señor Jesucristo. Amén.

Oración:
Derrama, Señor, tu gracia en nuestras almas para que quienes hemos conocido, por el anuncio del Ángel, la Encarnación de tu Hijo Jesucristo, por su Pasión y Cruz seamos llevados a la gloria de la Resurrección. Por Jesucristo, Nuestro Señor. Amén.

Reina del cielo

En tiempo de Pascua de Resurrección (desde el Domingo de Resurrección hasta el Domingo de Pentecostés). Es costumbre rezarle a la Virgen el "Reina del Cielo", en lugar del Ángelus, para unirnos a su alegría y a la de toda la Iglesia.

Reina del cielo, alégrate. ¡Aleluya!
Porque el Señor a quien has merecido. ¡Aleluya!
Ha resucitado, según su palabra. ¡Aleluya!
Ruega a Dios por nosotros. ¡Aleluya!
Gózate y alégrate, Virgen María. ¡Aleluya!
Porque verdaderamente ha resucitado el Señor. ¡Aleluya!

Oración:
Oh Dios, que por la Resurrección de tu Hijo, Nuestro Señor Jesucristo, has llenado el mundo de alegría, te pedimos que por medio de tu Madre la Virgen María, alcancemos el gozo de la vida eterna. Por Jesucristo, Nuestro Señor. Amén.

Oración al Ángel de la guarda

Ángel de mi guarda, dulce compañía,
no me desampares ni de noche ni de día,
hasta que me guardes en paz y alegría,
con todos los santos, Jesús, José y María.

Los Mandamientos de la Ley de Dios

Los Mandamientos de la Ley de Dios son diez:

- El primero, amar a Dios sobre todas las cosas.

- El segundo, no tomar el nombre de Dios en vano.

- El tercero, santificar las fiestas.

- El cuarto, honrar padre y madre.

- El quinto, no matar.

- El sexto, no cometer actos impuros.

- El séptimo, no robar.

- El octavo, no decir falso testimonio ni mentir.

- El noveno, no consentir pensamientos ni deseos impuros.

- El décimo, no codiciar los bienes ajenos.

Estos diez mandamientos se resumen en dos: Amar a Dios sobre todas las cosas, y al prójimo como a ti mismo.

Los Mandamientos de la Iglesia

Los mandamientos más generales de la Santa Madre Iglesia son cinco:

➕ El primero, oír Misa entera todos los domingos y fiestas de guardar.

➕ El segundo, confesar los pecados mortales al menos una vez al año y en peligro de muerte y si se ha de comulgar.

➕ El tercero, comulgar por Pascua de Resurrección.

➕ El cuarto, ayunar y abstenerse de comer carne cuando lo manda la Santa Madre Iglesia.

➕ El quinto, ayudar a la Iglesia en sus necesidades.

El Mandamiento de Jesús

Dice Jesús:
"Un mandamiento nuevo os doy: que os améis unos a otros como yo os he amado. En esto conocerán todos que sois mis discípulos: si os améis unos a otros"
(Jn 13, 34-35).

Las Bienaventuranzas

➕ Bienaventurados los pobres de espíritu, porque de ellos es el Reino de los Cielos.

➕ Bienaventurados los mansos, porque ellos poseerán la Tierra.

➕ Bienaventurados los que lloran, porque ellos serán consolados.

➕ Bienaventurados los que tienen hambre y sed de justicia, porque ellos serán hartos.

➕ Bienaventurados los misericordiosos, porque ellos alcanzarán misericordia.

➕ Bienaventurados los limpios de corazón, porque ellos verán a Dios.

➕ Bienaventurados los pacíficos, porque ellos serán llamados hijos de Dios.

➕ Bienaventurados los que padecen persecución a causa de la justicia, porque de ellos es el Reino de los Cielos.

✚ Rito inicial

En señal de respeto, recibimos al sacerdote de pie. Se canta o se recita el canto de entrada mientras el Celebrante se acerca primero al altar, lo besa y después se dirige a la sede.

Sacerdote: En el nombre del Padre y del Hijo y del Espíritu Santo.
Todos: Amén.

El sacerdote nos saluda.

S. La gracia de nuestro Señor Jesucristo, el amor del Padre y la comunión del Espíritu Santo estén con todos vosotros.
T. Y con tu espíritu.

✚ Acto penitencial

S. Hermanos, antes de celebrar los sagrados misterios, reconozcamos nuestros pecados.

Breve pausa en silencio para recordar nuestros pecados y pedir perdón al Señor.

T. Yo confieso, ante Dios todopoderoso yante vosotros, hermanos, que he pecado mucho de pensamiento, palabra, obra y omisión. Por mi culpa, por mi culpa, por mi gran culpa. Por eso ruego a santa María, siempre Virgen, a los ángeles, a los santos y a vosotros hermanos, que intercedáis por mí ante Dios, nuestro Señor.

S. Dios todopoderoso tenga misericordia de nosotros, perdone nuestros pecados y nos lleva a la Vida eterna.
T. Amén.

✚ Señor, ten piedad

S. Señor, ten piedad.
T. Señor, ten piedad.

S. Cristo, ten piedad.
T. Cristo, ten piedad.

S. Señor, ten piedad.
T. Señor, ten piedad.

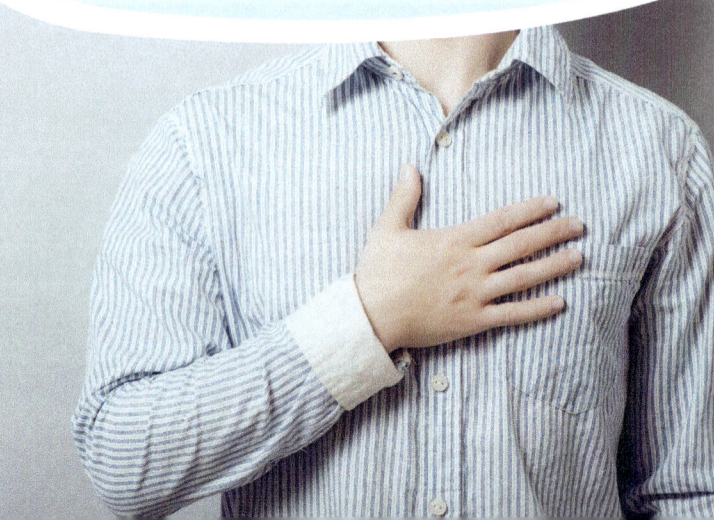

✚ Gloria

El Gloria es un canto de alabanza a Dios Padre, a Dios Hijo y a Dios Espíritu Santo.

T: Gloria a Dios en el Cielo, y en la tierra
paz a los hombres que ama el Señor.
Por tu inmensa gloria te alabamos,
te bendecimos, te adoramos,
te glorificamos, te damos gracias,
Señor Dios, Rey celestial,
Dios Padre todopoderoso.
Señor, Hijo único, Jesucristo.
Señor Dios, Cordero de Dios,
Hijo del Padre:
Tú que quitas el pecado del mundo,
ten piedad de nosotros;
Tú que quitas el pecado del mundo,
atiende nuestra súplica;
Tú que estás sentado a la derecha
del Padre, ten piedad de nosotros;
porque sólo Tú eres Santo, sólo Tú Señor,
sólo Tú Altísimo, Jesucristo,
con el Espíritu Santo
en la gloria de Dios Padre.
Amén.

✚ Liturgia de la palabra

En esta parte de la Misa escuchamos la Palabra de Dios escrita en la Biblia para recibirla en el corazón.

Primera lectura

La primera lectura es un fragmento del Antiguo Testamento.

El lector termina diciendo: Palabra de Dios.

T. Te alabarnos, Señor.

Salmo responsorial

Segunda lectura

Suele ser un pasaje de las cartas que los apóstoles escribieron a los primeros cristianos y, por lo tanto, también a nosotros.

El lector termina diciendo: Palabra de Dios.

T. Te alabarnos, Señor.

✚ Evangelio

Nos ponemos de pie para cantar el Aleluya y nos disponemos a escuchar el Evangelio. Durante la lectura ponemos mucha atención, imaginamos la escena que estamos escuchando, como si estuvieras allí, cerca de Jesús.

S. El Señor esté con vosotros.
T. Y con tu espíritu.

S. Lectura del santo Evangelio según...
T. Gloria a ti, Señor.

Después de la lectura del Evangelio.

S. Palabra del Señor.
T. Gloria a ti, Señor Jesús.

✚ Homilía

Después el sacerdote pronuncia la Homilía. Nos sentamos para escuchar al sacerdote que nos va a ayudar a entender las lecturas y nos va a animar a poner en práctica la Palabra de Dios.

✚ Profesión de fe

T. Creo en Dios, Padre todopoderoso, Creador del cielo y de la tierra.
Creo en Jesucristo, su único Hijo, nuestro Señor, que fue concebido por obra y gracia del Espíritu Santo, nació de santa María Virgen, padeció bajo el poder de Poncio Pilato, fue crucificado, muerto y sepultado, descendió a los infiernos, al tercer día resucitó de entre los muertos, subió a los cielos y está sentado a la derecha de Dios, Padre todopoderoso.
Desde allí ha de venir a juzgar a vivos y muertos. Creo en el Espíritu Santo, la santa Iglesia católica, la comunión de los santos, el perdón de los pecados, la resurrección de la carne y la vida eterna. Amén.

✚ Oración de los fieles

En ella, unidos al sacerdote, pedimos por la Santa Iglesia y el Romano Pontífice, e imploramos a Dios que derrame sus bendiciones sobre todos los hombres, en especial sobre quienes más lo necesitan.

A cada invocación respondemos:

T. Te rogamos, óyenos.

✚ Presentación de las ofrendas

El sacerdote ofrece el pan y el vino que se convertirán en el Cuerpo y Sangre de Cristo. Pon tu vida en la patena y ofrécela a Dios como un regalo que Él santifica. "Jesús, te ofrezco toda mi vida"

S. Bendito seas, Señor, Dios del universo, por este pan... él será para nosotros pan de vida.
T. Bendito seas por siempre, Señor.

S. Bendito seas, Señor, Dios del universo, por este vino... él será para nosotros bebida de salvación.
T. Bendito seas por siempre, Señor.
Invitación a la oración.

El sacerdote pide a Dios que acepte nuestros dones.

S. Orad, hermanos, para que este sacrificio, mío y vuestro, sea agradable a Dios, Padre todopoderoso.
T. El Señor reciba de tus manos este sacrificio, para alabanza y gloria de su nombre, para nuestro bien y el de toda su santa Iglesia.

Oración del sacerdote.

✚ Invitación a la oración

El sacerdote pide a Dios que acepte nuestros dones.

S. Orad hermanos, para que este sacrificio, mío y vuestro, sea agradable a Dios, Padre todopoderoso.
T. *El Señor reciba de tus manos este sacrificio. Para alabanza y gloria de su nombre, para nuestro bien, y el de toda su santa Iglesia.*

✚ Plegaria eucarística

Comienza la parte más importante de la Misa.

S. El Señor esté con vosotros.
T. Y con tu espíritu.

S. Levantemos el corazón.
T. Lo tenemos levantado hacia el Señor.

S. Demos gracias al Señor, nuestro Dios.
T. Es justo y necesario.

S. Por ese amor tan grande queremos darte gracias y cantarte con los ángeles y los santos que te adoran en el cielo:
T. Santo, Santo, Santo es el Señor, Dios del Universo. Llenos están el cielo y la tierra de tu gloria. Hosanna en el cielo. Bendito el que viene en nombre del Señor. Hosanna en el cielo.

✛ Consagración

El sacerdote extiende las manos sobre el pan y el vino, traza sobre ellos la Señal de la Cruz y pide la acción del Espíritu Santo. El sacerdote recuerda los gestos de Jesús en la Última Cena: "Tomó pan, y dando gracias, lo partió y lo dio a sus discípulos [...]"

S. Tomad y comed todos de él, porque esto es mi Cuerpo que será entregado por vosotros.

Y lo alza para que lo adoremos.
Después hace lo mismo con el cáliz:

S. Tomad y bebed todos de él, porque este es el cáliz de mi Sangre [...] que será derramada por vosotros y por muchos para el perdón de los pecados. Haced esto en conmemoración mía.

S. Este es el Sacramento de nuestra fe.
T. Anunciamos tu muerte proclamamos tu resurrección. ¡Ven Señor Jesús!

Ofrecimiento del sacrificio, invocación al Espíritu Santo e intercesiones.

S. Por Cristo, con Él y en Él...
T. Amén.

Nos preparamos a la comunión rezando el Padre Nuestro. Recuerda que esta oración nos la enseñó Jesús. Rézala con toda devoción y pensando en las peticiones que tiene para ti.

S. Fieles a la recomendación del Salvador y siguiendo su divina enseñanza nos atrevemos a decir:

T. Padre nuestro, que estás en el cielo, santificado sea tu nombre, venga a nosotros tu reino, hágase tu voluntad en la tierra como en el cielo. Danos hoy nuestro pan de cada día; perdona nuestras ofensas, como también nosotros perdonamos a los que nos ofenden; no nos dejes caer en la tentación y líbranos del mal.

S. ...mientras esperamos la gloriosa venida de nuestros salvador Jesucristo.

T. Tuyo es el reino, tuyo el poder y la gloria, por siempre, Señor.

✚ Rito de la paz

S. La paz del Señor esté siempre con vosotros.
T. Y con tu espíritu.
S. Daos fraternalmente la paz.

Todos se dan la paz. En este saludo manifestamos que somos hermanos porque somos hijos de Dios y nos comprometemos a tratar a los demás con cariño, amabilidad, respeto, a no pelear y a trabajar porque reine la paz entre los hombres.

✚ Fracción del pan

T. Cordero de Dios, que quitas el pecado del mundo, ten piedad de nosotros.
Cordero de Dios, que quitas el pecado del mundo, ten piedad de nosotros.
Cordero de Dios, que quitas el pecado del mundo, danos la paz.

✚ Comunión

S. Este es el Cordero de Dios que quita los pecados del mundo. Dichosos los invitados a la cena del Señor.
T. Señor, no soy digno de que entres en mi casa, pero una palabra tuya bastará para sanarme.

Ahora con mucho cariño y respeto te acercas a recibir a Jesús. Mientras esperas a recibirlo, piensa en el enorme amor que Jesús te tiene, que quiso quedarse para estar siempre con nosotros, que se convirtió en Pan de Vida para que pudiéramos unirnos a Él.

Oración del sacerdote dando gracias.

✚ Rito de conclusión

El sacerdote saluda, despide y bendice en nombre de Dios.

S. El Señor esté con vosotros.
T. Y con tu espíritu.

S.: La bendición de Dios todopoderoso, Padre, Hijo y Espíritu Santo, descienda sobre vosotros.
T. Amén.

S. Podéis ir en paz.
T. Demos gracias a Dios.

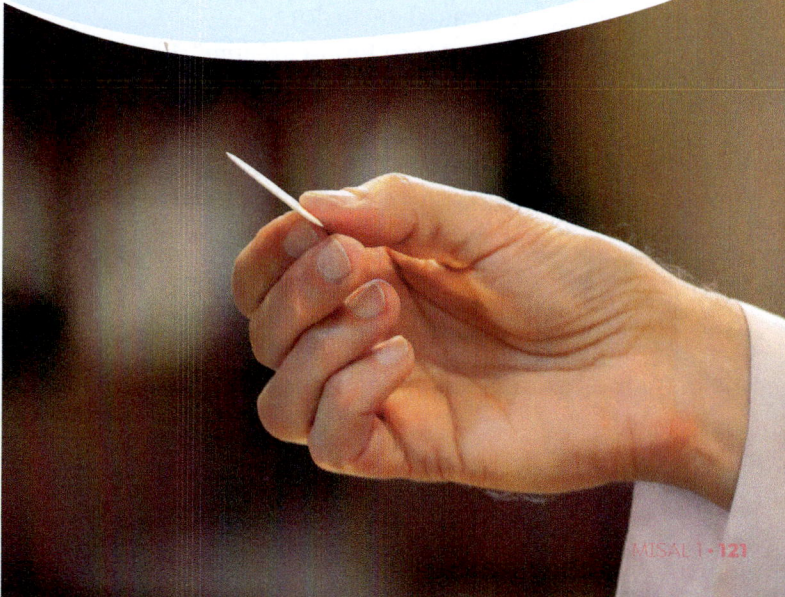

✚ ¿Qué es el sacramento de la Penitencia?

El Sacramento de la Penitencia (también llamado de la Confesión o Sacramento del perdón) es un "encuentro con Jesús". Él mismo nos perdona los pecados, y lo hace por medio del sacerdote.

En este Sacramento Jesús nos perdona los pecados cometidos después del Bautismo. El pecado es toda desobediencia a la Ley de Dios (tanto de los Diez Mandamientos de la Ley de Dios y de la Iglesia como del Mandamiento del Amor que nos ha dado Jesús).

Los pecados pueden ser graves (o pecado motal) o leves (pecado venial). Los pecados veniales desagradan a Dios y a los demás pero el alma no se aparta totalmente de Dios (sentir pereza, una mentira sin mucha importancia, tener envidias pequeñas de otra persona, etc.). Pecado mortal es el que nos aparta totalmente de Dios y nos impide recibir a Jesús en la Comunión sin previa Confesión del mismo.

✚ ¿Cómo confesarse bien?

Para confesarse bien hacen falta cinco cosas:
1. Examen de conciencia.
2. Dolor de los pecados.
3. Propósito de la enmienda.
4. Decir los pecados al confesor (a Jesús).
5. Cumplir la penitencia.

Oración para antes de la Confesión:
Jesús: me duele mucho haber sido malo. Te pido perdón porque te he ofendido. Ayúdame a reconocer mis pecados y a confesarlos al sacerdote, sin ocultar ninguno. Y dame tu gracia para ser mejor en adelante. Amén.

Conviene aprender la oración "Yo confieso"; y el Acto de contrición llamado "Señor mío, Jesucristo".

Oración para obtener el dolor de los pecados:
Señor, dame un corazón humilde y sincero para reconocer mis pecados y para pedirte perdón por todos ellos. Amén.
Puedes rezar la oración "Señor mío, Jesucristo"

✚ Modo de confesarte:

- Te acercas al sacerdote.
- Le dices: *"Ave María Purísima"*. Él te contestará: *"Sin pecado concebida"*.
- Di cuándo fue tu última confesión (o si es la primera).
- Cuéntale tus pecados. Y avísale cuando hayas terminado.
- El sacerdote te escucha y te dará algunos consejos. Te pondrá una pequeña penitencia y por ultimo te dará la absolución: *"Yo te absuelvo de tus pecados, en el nombre del Padre, y del Hijo, y del Espíritu Santo".*
- Y respondes: *Amén.*

Oración para después de la Confesión:
Gracias, Jesús, porque me has perdonado. Ayúdame a luchar para ser mejor en adelante y agradarte así más a Ti y a mis padres. Amén.

Y no te olvides de CUMPLIR LA PENITENCIA.

✚ Examen de conciencia para hacer una buena confesión

Oración previa:

Jesús, quiero que me ayudes a conocer bien todos mis pecados. Te pido que ilumines mi alma y me des plena sinceridad para reconocer todo aquello en lo que te he ofendido. Amén.

Examen de conciencia:

Amarás a Dios sobre todas las cosas...

- ¿Creo todo lo que Dios ha revelado y nos enseña la Iglesia Católica? ¿Niego o he negado algunas verdades de la fe católica?
- ¿He recibido al Señor en la Sagrada Comunión teniendo algún pecado grave en mi conciencia? ¿He callado en la confesión por vergüenza algún pecado mortal?
- ¿He blasfemado? ¿He jurado sin necesidad o sin verdad?
- ¿He faltado a Misa los domingos o días festivos sin tener un impedimento serio? ¿He cumplido los días de ayuno y abstinencia?

... Y al prójimo como a ti mismo.

- ¿Respeto la vida humana?
- ¿Deseo el bien a los demás, o albergo rencores y realizo juicios injustos sobre los demás? ¿He sido violento verbal o físicamente? ¿He dado mal ejemplo a las personas que me rodean?
- ¿Cuido mi salud? ¿He tomado alcohol en exceso? ¿He tomado drogas? ¿He arriesgado mi vida injustificadamente?
- ¿He mirado vídeos, páginas pornográficas, espectáculos obscenos? ¿He sido causa de que otros pecasen por mi conversación, mi modo de vestir o prestando algún vídeo o revista porno?
- ¿Vivo la castidad? ¿He cometido actos impuros conmigo mismo o con otras personas? ¿He consentido pensamientos, deseos o sensaciones impuras?

- ¿He tomado dinero o cosas que no son mías? ¿En su caso, he restituido o reparado?
- ¿Procuro cumplir con mis deberes de estudiante? ¿Soy honrado y justo en el cumplimiento de mis deberes profesionales? ¿He engañado a otros: cobrando más de lo debido, ofreciendo un servicio defectuoso?
- ¿He gastado dinero para mi comodidad o lujo personal olvidando mis responsabilidades hacia otros y hacia la Iglesia?
- ¿He ayudado a personas pobres o necesitadas o las he desatendido? ¿Practico el desprendimiento de los bienes materiales? ¿Doy limosna? ¿Cumplo con mis deberes de ciudadano?
- ¿He dicho mentiras? ¿He reparado el daño que haya podido causar? ¿He descubierto, sin causa justa, defectos graves de otras personas? ¿He hablado o pensado mal de otros? ¿He calumniado a otros o he murmurado?

Catequesis
de Orientación
Catecumenal
JUNIOR

PALABRA